MONSIEUR

DE

BOISDHYVER

PAR

CHAMPFLEURY

5

PARIS
ALEXANDRE CADOT, ÉDITEUR
37, rue Serpente.

1858

MONSIEUR DE BOISDHYVER

Ouvrages d'Alexandre Dumas.

Le Pasteur d'Ashbourn	8 vol.
Mes Mémoires	22 vol.
Olympe de Clèves	9 vol.
Conscience	5 vol.
Un Gilblas en Californie	2 vol.
Les Drames de la Mer	2 vol.
Histoire d'une colombe	2 vol.
Ange Pitou (suite au *Collier de la Reine*)	8 vol.
Pauline et Pascal Bruno	2 vol.
Une vie artiste	2 vol.
Le Trou de l'Enfer	4 vol.
Dieu dispose (suite au *Trou de l'Enfer*)	6 vol.
La Femme au collier de velours	2 vol.
La Régence	2 vol.
Louis XV	5 vol.
Louis XVI	5 vol.
Les Mariages du père Olifus	5 vol.
Le Collier de la reine	11 vol.
Les mille et un fantômes	2 vol.
Le Véloce	4 vol.
Mémoires d'un Médecin et Césarine	20 vol.
Les Quarante-Cinq	10 vol.
La comtesse de Salisbury	6 vol.
Tomes 3, 4, 5, complétant la première édition	3 vol.
Les deux Diane	10 vol.
Le Bâtard de Mauléon	9 vol.
Le Chevalier de Maison Rouge	6 vol.
Une Fille du Régent	4 vol.
La Comtesse de Charny	19 vol.
Catherine Blum	2 vol.
Les Mohicans de Paris	19 vol.
Ingénue	7 vol.
Page (le) du duc de Savoie	8 vol.
El Saltéador	3 vol.
Vie et aventures de la princesse de Monaco	6 vol.
Souvenirs de 1830 à 1842	8 vol.
Grands Hommes (les) en robe de chambre	
1° RICHELIEU	5 vol.
2° HENRI IV	2 vol.
3° CÉSAR	7 vol.
Salvator le Commissionnaire	6 vol.
Journal de madame Giovanni	4 vol.
Madame du Deffand	2 vol.
La Mecque et Médine	6 vol.
Le Lièvre de mon grand-père	1 vol.

Fontainebleau, Imp. de E. Jacquin.

MONSIEUR

DE

BOISDHYVER

PAR

CHAMPFLEURY

5

PARIS
ALEXANDRE CADOT, ÉDITEUR
37, rue Serpente.

1857

1

Suites de la maladie.

Un matin que Suzanne reposait, plongée dans un affaissement qui tenait le milieu entre le sommeil et la mort, le docteur ouvrit la fenêtre pour renouveler l'air de l'appartement, et il ne fut pas peu surpris d'apercevoir Jousselin qui, appuyé contre un arbre, ne quittait pas de vue la maison. Tous les jours l'employé venait à pied de Bayeux avec l'espérance de revoir encore une fois Suzanne ; mais cette consolation lui manquait : Suzanne ne paraissait plus ! Le docteur fit un signe à madame Le Pelletier et lui dit à voix basse :

— Voici celui qui aimait vraiment Suzanne ! Tenez-vous derrière le rideau ; je vais descendre lui parler.

— Ah ! monsieur Richard, s'écria Jousselin, qu'est-elle devenue ?

Le son de sa voix était tellement altéré, que le docteur en fut touché.

— Préparez-vous à une terrible nouvelle, mon pauvre ami ; ce que je craignais est arrivé...

— Parlez, monsieur Richard ; dites ?

— La marche forcée de Suzanne la nuit ; les émotions, les chagrins ont déterminé une maladie bien grave...

— Oh ! monsieur Richard, est-elle en danger ?

— Je le crains.

— A-t-elle sa connaissance ?

— Par moment, seulement.

— Je voulais vous voir, j'ai un projet ; je l'aime tant que je donnerais ma vie pour la sauver ! Je voudrais le dire à sa mère...

— Quel projet ? demanda le docteur.

— Vous vous rappelez, n'est-ce pas, que j'étais presque heureux quand je croyais mademoiselle Suzanne défigurée par le feu ; eh bien, aujourd'hui je suis encore dans les mêmes sentiments... Toute la ville répète que j'ai séduit mademoiselle Suzanne, ma mère le croit, on m'a chassé de la sous-préfecture...

— Chassé! s'écria le docteur.

— Qu'importe ; je n'y pense pas, je veux rendre l'honneur à mademoiselle Suzanne, saisir un moment où elle aura sa connaissance, et l'épouser.

— Ah! c'est bien, monsieur Jousselin ; mais Suzanne n'acceptera pas.

— Si elle doit mourir... reprit l'employé dont la voix indiquait de prodigieux efforts pour ne pas fondre en larmes...

— Eh bien ! restez ici, à Isigny, dans l'auberge où j'ai moi-même une chambre, il faut que nous voyions madame Le Pelletier ; que dira votre mère ?

— Moi dehors, elle n'en dira pas plus que quand je suis là. Monsieur, si un homme pouvait être terrassé avec des paroles, je ne me relèverais plus maintenant ; et c'étaient ces paroles qui me donnaient du courage, plus je recevais de coups pour Suzanne, plus j'étais heureux... au moins je ne pouvais l'oublier...

— Cette destitution est bien injuste, dit le docteur. Il faut que M. le sous-préfet ait été trompé par des calomnies.

— Il n'y a pas de calomnies, monsieur Richard ; je suis accusé d'avoir enlevé mademoiselle Suzanne...

— Ne pouviez-vous vous disculper ?

— Moi, monsieur Richard, je vous avais promis de passer pour le séducteur.

— Ah! monsieur Jousselin, dit le docteur en serrant la main du jeune homme, vous êtes un grand cœur.

— Voyez, monsieur Richard, si cette parole d'un homme tel que vous, ne ferait pas oublier tous les ennuis de la vie...

Quand madame Le Pelletier connut ces détails, elle voulut aller remercier en personne l'employé, mais elle ne consentit pas à employer son dévoûment.

— Suzanne, dit-elle, n'a pas sa volonté présente, une telle réparation dans l'état de faiblesse où elle se trouve lui ferait juger que nous désespérons de sa vie... Nous la conserverons, monsieur, croyez-le, M. Richard ne *veut* pas qu'elle meure.

En ce moment, pour la mère, le docteur

semblait un Dieu qui commandait à la vie
et à la mort : l'employé avait la même foi
que madame Le Pelletier ; cependant
M. Richard devenait soucieux malgré les
efforts qu'il faisait pour cacher son trouble.

— Si vous avez du courage, dit-il à l'employé, restez ; mais si vous ne deviez pas
reconforter, par votre présence, madame
Le Pelletier, il vaut mieux vous épargner
un spectacle douloureux.

Alors le docteur expliqua à Jousselin
les suites certaines d'une maladie mortelle
qui s'avançait à pas lents et réguliers.
Dans les circonstances où elle se produi-

sait, jamais le médecin n'avait vu de femme y échapper... Passer d'un moment d'espoir à une certitude accablante était pour Jousselin un coup fatal, il lui parut qu'on lui déchirait le cœur intérieurement, mais il supporta le coup plus résolûment que le médecin ne s'y était attendu... Les événements derniers avaient endurci sa nature un peu faible; il faisait son apprentissage d'une vie rude et nouvelle, lui qui avait toujours mené une existence calme et réglée. Dans cette amertume, il trouvait des consolations, même des jouissances amères, comme celle de garder Suzanne la nuit quand madame Le Pelletier, accablée, prenait un quart d'heure de repos. Il n'avait qu'un désir en tête : posséder quelque chose qui avait appartenu à Su-

zanne. On lui eût dit de traverser à la nage
la mer pour aller en Angleterre; qu'il l'eût
fait certainement pour avoir des cheveux
de Suzanne. Ces beaux cheveux blonds
miroitaient devant ses yeux comme l'or
entassé sur la table d'un avare. Posséder
ces cheveux et mourir! il ne rêvait à rien
autre... Aussi, quand M. Richard lui eut
annoncé la fin prochaine de la jeune fille,
il n'hésita plus à réaliser son rêve. Pour
avoir une mèche blonde des cheveux de
Suzanne, il eût donné son sang, sa vie : il
n'aurait jamais demandé une plus grande
faveur à la jeune fille ; maintenant il ne
pouvait l'espérer, Suzanne ne répondait
plus, ne répondrait plus jamais à celui qui
l'aimait tant.

Une nuit que l'employé veillait au chevet de Suzanne, contemplant avec tristesse le corps amaigri qui se dessinait sous la couverture, ces joues pâles et blanches, ces lèvres plus pâles que les joues, ces yeux agrandis par les serviteurs mystérieux de la mort, Jousselin, quoique tremblant à l'idée d'une profanation, saisit une boucle de cheveux qui s'échappait du bonnet de la jeune fille, la coupa et la tint renfermée dans sa main comme un trésor qu'il aurait dérobé. On lui eût coupé la main plutôt que de la faire ouvrir. Il sembla à l'employé qu'un faible sourire avait passé sur les lèvres de la jeune fille... mais c'était le vacillement de la veilleuse qui avait produit cet effet. Avant de posséder ces cheveux chéris, Jousselin s'était dit :

— Qu'elle meure quand j'aurai quelque

chose qui lui aura appartenu, et je serai moins malheureux !

Ces cheveux lui servirent d'amuléttes : il les enferma dans un petit sachet, les ôtait, les baisait, les faisait jouer à la lumière, et trouvait un monde dans chaque florille... La voix, les gestes, le maintien, la couleur de la peau de Suzanne, tout était dans cette mèche de cheveux! Il eut besoin de cette consolation, car madame Le Pelletier voulut bientôt vivre seule avec sa fille ; il lui semblait qu'un étranger lui enlevait un peu de Suzanne en se trouvant à côté d'elle...

—Jousselin, il faut que vous retourniez

à Bayeux, lui dit le docteur ; voici une lettre de monseigneur de Boisdhyver qui a fait des démarches pour vous : vous êtes réintégré à la sous-préfecture et monseigneur vous promet de l'avancement dans quelques mois, quand ce malheureux scandale sera éteint.

— J'aurais tant voulu rester ici.

— C'est impossible, dit le docteur ; votre mère n'a pas de fortune, elle a besoin de vous, vous devez veiller à ce qu'elle ne manque de rien. Que ferez-vous ici pour elle ? Votre position ne vous permet pas de rester plus longtemps sans emploi.

— Ah! monsieur Richard, vous avez raison, je le sens, mais pourrais-je rester loin de mademoiselle Suzanne, dans l'état où je la laisse.

— Eh bien! je vous ferai savoir chaque matin par le messager des nouvelles de Suzanne.

— Que vous êtes bon, monsieur Richard, s'écria Jousselin.

La réintégration de l'employé dans les bureaux de la sous-préfecture resta un secret même pour la sous-préfecture; forcé de s'incliner devant les ordres supérieurs, M.

Ordinaire fut celui qui ressentit le coup plus vivement, car il perdit un allié important. Le sous-préfet jugeant que l'évêque était plus fort que son vicaire-général, brisa de lui-même les relations qu'il entretenait avec la société des demoiselles Loche, craignant de se compromettre en haut lieu ; pour réparer sa faute, il eût fait monter immédiatement Jousselin d'un échelon dans l'administration, mais la position de l'employé avait été réglée ; il était recommandé au sous-préfet de veiller à ce que le chef de bureau eût quelques égards pour Jousselin qu'on destinait à des fonctions moins humbles dans un avenir rapproché, mais que rien de cet état de chose ne devait transpirer au dehors de la ville ni au dedans des bureaux.

Ce coup fut si sensible au vicaire-général que les ressorts de sa vie morale en furent brisés. Son idéal reculant sans cesse, les années avançant toujours, M. Ordinaire ne se sentit plus la force de lutter pour obtenir cette mître et ce bâton épiscopal qui avaient soutenu sa vie jusque-là. Le doute était entré dans cette âme impétueuse qui s'était usée en luttes sourdes contre la meule de l'ambition; ce corps vert de soixante ans, cette nature bilieuse furent brisés en un instant comme du verre. M. Ordinaire n'en mourut pas, mais il végéta quelques années, voûté, se traînant, semblable à ce que nos aïeux appelaient : « Une anatomie cheminante. » Cet homme raide et inflexible fit pitié à ceux qui l'avaient connu le regard hautain et méprisant, la volonté de fer et l'amertume sévère dans la personne, et qui le retrouvèrent affaissé sur lui-même, sans volonté ni intelligence. Les demoiselles Loche, qui le respectaient jadis comme un Dieu, le regardèrent comme une guenille, et ne se firent pas faute de se venger sur leur pensionnaire de la domination sous laquelle elles avaient plié si longtemps.

Le chanoine Godeau prétendait que le vicaire-général n'avait pas assez soigné son corps, et M. Commendeur proposait, comme un souverain remède, des frictions obtenues avec des lotions de trèfle de marais ; mais le vicaire-général ne les écoutait guère, plus malade que vivace. M. de

Boisdhyver, plein de compassion pour ce prêtre que le séjour dans la maison Loche éteignait de plus en plus, l'envoya dans une maison de retraite, exclusivement destinée aux prêtres infirmes.

Pour Cyprien, il avait fait vœu de silence et d'isolement pendant trois ans. De lui-même, il s'était condamné à ne plus sortir de l'évêché, accomplissant tous les ordres de M. de Boisdhyver en s'inclinant, et il ne sortait plus de sa cellule. La faute qu'il avait commise lui fit connaître à temps la difficuté de la vie et les entraînements de la société ; il voulut prouver à son supérieur, par un repentir absolu, l'éloignement qu'il avait du monde. Ce ne fut pas sans avoir consulté à diverses reprises le docteur Richard que M. de Boisdhyver consentit à laisser Cyprien continuer sa voie dans les sentiers de l'Église; mais le docteur lui-même, en constatant l'étendue du sacrifice que le jeune homme s'était imposé, reconnut la force de la vocation. D'après le conseil de l'évêque, Cyprien quitta bientôt Bayeux pour entrer dans le séminaire des Missions Étrangères, afin de se préparer à de lointains et dangereux voyages, qui devaient purger sa faute.

II

La belle madame Jousselin.

Malgré sa réintégration dans son poste, Jousselin était toujours triste, et ses camarades de bureau lisaient sur ses traits l'état où se trouvait Suzanne qu'on avait ramenée presque mourante dans la maison de sa mère ; mais le docteur Richard ne pouvait aller tous les jours à Isigny, suivre les progrès de cette maladie qui traînait depuis un an ; cependant un matin Jousselin entra au bureau avec une telle figure animée que chacun se dit : mademoiselle Suzanne est sauvée.

Les soins de M. Richard avaient triomphé de la maladie, Suzanne entrait en convalescence. Depuis que madame Le Pelletier était de retour à Bayeux, Jousselin avait accès chez elle tous les jours : les gens de la ville ne furent pas étonnés de rencontrer sur la promenade l'employé donnant le bras à Suzanne et la promenant doucement.

Ainsi l'avait voulu le docteur qui fatigua les mauvaises langues de Bayeux par la publicité des promenades de Suzanne en compagnie de Jousselin ; à de certains regrets, à des inquiétudes que madame Le Pelletier ne savait dissimuler, M. Richard comprit combien il était pénible à la veuve de quitter Bayeux. Il est un âge où les habitudes ne sont pas rompues brusquement sans danger ; le docteur comprenait le vif attachement de madame Le Pelletier pour quitter le pays où elle s'était réfugiée depuis la mort de son mari. Quoiqu'elle vécût isolée, elle n'en laissait pas moins de vifs regrets accrochés à sa rue, à sa petite maison. A son âge, tout devenait pour elle enchaînement d'habitudes : la tranquillité de la ville, certains bruits du dehors qui la réveillaient le matin, des verdures particulières qu'elle respirait en traversant la promenade; des visages connus, et comme raison déterminante l'amitié qui l'unissait à M. Richard et à sa femme, amitié que les coups de marteau des derniers événements avaient rivée plus étroitement encore.

Après de longues discussions sur ce sujet avec madame Le Pelletier, qui n'osait ramener Suzanne à Bayeux.

— Un peu de courage, mon amie, lui dit le docteur, je vous promets que les propos des bavards tomberont d'eux-mêmes; et pour frapper un grand coup, décidez Suzanne à accepter le bras de Jousselin à la promenade.

C'est ainsi que l'employé fut présenté à Suzanne pour la première fois. Pendant la convalescence de la jeune fille, M. Richard et madame Le Pelletier n'eurent qu'un nom à la bouche : Jousselin. Un autre nom répondait dans le cœur de Suzanne ; mais elle finit par montrer quelque curiosité pour cet inconnu qui l'aimait avec un dévoûment si silencieux depuis trois ans. Un jour le docteur racontait le redoublement d'amour de l'employé quand il crut que la figure de Suzanne était brûlée ; le lendemain, madame Le Pelletier plaignait Jousselin d'avoir été destitué à cause de Suzanne, car elle cacha la réintégration de l'employé dans les bureaux. M. Richard s'enthousiasmait pour la demande en mariage de Suzanne à son lit de mort.

Il est de certaines natures discrètes et timides auxquelles les femmes prêtent peu d'attention ; renfermés en eux-mêmes, émus profondément en présence des femmes, émus de leur voix, de leurs gestes, de leurs regards, ces esprits délicats sont comme les pierres fines, qui ont besoin d'être montées par un joaillier habile pour reprendre leur éclat. Quand ils sont compris et mis en lumière, ces hommes devenus tout expansion dans l'intimité, sont aimés avec une passion qui étonne les êtres vulgaires.

M. Richard, qui connaissait les moindres nuances de l'affection, aidé de madame Le Pelletier, voulut qu'une sorte d'amitié s'établit entre Suzanne et Jousselin. La première entrevue eut lieu à Isigny, pendant la convalescence de la jeune fille, qui demanda elle-même à voir l'employé. Quand Jousselin apprit cette nouvelle, il devint extrêmement pâle et le docteur crut qu'il allait refuser de l'accompagner. Il pouvait à peine marcher ; le même homme, qui avait soulevé des pierres énormes pour atteindre une branche du jardin où se promenait Suzanne, était écrasé par l'idée de se trouver en présence, de celle qui n'avait pas quitté sa pensée depuis trois ans. Son corps était aussi faible et chancelant que le corps d'un condamné qu'on mène au supplice. Quand le docteur lui parlait, il pouvait à peine se faire comprendre, des moitiés de mots entrecoupés sortaient péniblement de son gosier.

— Du courage, mon cher Jousselin, remettez-vous !

— Oui, oui, vous avez raison, monsieur Richard.

— Songez que vous m'avez promis d'aller jusqu'au bout. Madame Le Pelletier a besoin de vous, il faut que vous rameniez Suzanne à Bayeux.

— Je ferai tout ce que vous désirez, monsieur Richard.

— De votre visite d'aujourd'hui dépend le sort de madame Le Pelletier, qui hésite toujours à rester à Bayeux ou à quitter la ville.

— Oh! monsieur Richard, qu'elle reste, je vous en supplie.

Pendant la route, le docteur reconforta le pauvre amoureux, qui montra dès-lors plus de résolution. Suzanne était encore d'une pâleur mortelle, les yeux agrandis, les mains allongées; Jousselin sentit ses yeux se mouiller en voyant la malade qui portait tant de souffrances à l'intérieur. Ses lèvres pâles remuèrent sans laisser passer de son, mais l'employé crut remarquer à leur mouvement que Suzanne avait essayé de formuler son nom. Il se précipita sur la main de Suzanne, qui était tiède et privée de mouvement.

Ce n'étaient pas seulement des souffrances physiques qui étaient inscrites sur la physionomie de Suzanne : cette pression de main lui fit froid au cœur, en lui rappelant les douces étreintes de Cyprien, ce premier serrement de main à la suite de l'accident de la Fête-Dieu. Madame Le Pelletier, qui épiait la physionomie de sa fille, s'adressa amicalement à Jousselin, et lui parla quelque temps, afin de le distraire de son embarras. Le docteur mit la conversation sur un terrain gaîment amical, pour chasser les souvenirs de Suzanne et la timidité de l'employé.

Cette première visite laissa Jousselin dans une douce quiétude d'esprit. Il ne s'était pas senti gêné comme il le craignait. L'habileté de conversation du docteur et de madame Le Pelletier lui avait permis de s'habituer peu à peu à la vue de Suzanne. Il rayonnait en contemplant dans son cerveau la petite chambre d'auberge où était couchée la malade. Il avait été frappé particulièrement d'une grande armoire de chêne qui occupait une place considérable dans la chambre.

Cette armoire, particulière à la Normandie, offre sur chacun de ses panneaux des attributs sculptés que Jousselin ne pouvait s'empêcher de regarder comme un symbole. Dans le médaillou du panneau de gauche, deux colombes se becquetaient, agitaient leurs ailes entrelacées de rubans qui les attachaient l'une sur l'autre. Un tambourin, une musette, posés sur un cahier de musique, avaient été sculptés sur le panneau de gauche. C'est la fameuse armoire de mariage que la jeune fille offre à son époux le jour des noces. Les colombes représentent l'amour dans l'union, les instruments de musique, l'allégresse qui couronne le mariage. Sur les nœuds sculptés dont le tailleur d'armoires enveloppe les colombes, il est d'habitude de graver le nom de baptême de la fille et du garçon, après la cérémonie nuptiale.

Jousselin avait tressailli en remarquant que l'armoire était neuve et montrait des nœuds d'amour intacts qui attendaient des inscriptions ! A sa seconde visite, huit jours après, Suzanne entrait en pleine convalescence. L'employé osa à peine la regarder, il n'avait des yeux que pour l'armoire. Les tambourins et les musettes sculptés faisaient entendre la plus joyeuse des musiques. Suzanne se leva, marcha par la chambre appuyée sur sa mère. Suzanne resta quelques heures dans un fauteuil ; Suzanne s'accouda à la fenêtre, Suzanne était sauvée. Jousselin ne rêvait qu'à l'armoire ; frappé du symbole sculpté qui répondait à ses secrets sentiments, il s'imaginait que Suzanne avait dû le remarquer; et il épiait ses regards afin de reconnaître s'ils se dirigeaient dans la direction des médaillons symboliques. Un jour il frémit de joie : Suzanne se dirigeait vers l'armoire ! Il semblait impossible qu'elle ne remarquât pas ces rubans vierges qui attendaient des noms unis ; mais Suzanne ne paraissait prêter aucune attention à ce meuble, qui se trouve dans toutes les maisons de paysans. Désespéré, Jousselin s'en ouvrit au docteur, qui écouta en souriant cette confidence.

— Dans un an ou deux, lui dit-il, nous essaierons de parler de l'armoire.

C'était un délai bien éloigné, une promesse vague ; mais Jousselin l'accueillit avec joie. Désormais reçu dans l'intimité des dames Le Pelletier, traité amicalement par Suzanne, qui faisait de grands efforts pour cacher sa mélancolie, l'employé, passé sous-chef, se regardait comme le plus heureux des hommes. D'accord avec madame Le Pelletier, le docteur Richard avait répandu dans Bayeux l'annonce d'une union future de Jousselin et de Suzanne. Les mauvais propos s'étaient arrêtés ; car on complimentait le sous-chef de cette union, qui reculait sans cesse ; mais M. Richard, pour ne pas inspirer de défiance aux curieux, alléguait les secousses maladives qui avaient mis les jours de Suzanne en danger, et on le croyait.

Trois ans après le départ de Cyprien, M. de Boisdhyver fut nommé évêque de Marseille; il partit de Bayeux emportant les regrets d'un peuple, dont les fils parlent encore avec respect du prélat remarquable par son caractère et ses actes charitables. Le docteur Richard souffrit vivement de ce départ, malgré les consolations affectueuses de madame Le Pelletier.

— Prenez garde, lui dit-il un jour, que je ne parte aussi.

Sa parole tenait de la raillerie, mais l'é-

vénement la justifia à peu de temps de là.
Le dévoûment aux malades, les fatigues,
l'étude nocturne devaient frapper tout à
coup, dans la force de l'âge, cet homme
bâti en hercule, que la science avait usé
jour à jour. Madame Le Pelletier ne prit
pas garde à cette parole.

— Nous commençons à vieillir, ma chère
amie; je ne suis pas galant, mais un médecin n'est pas tenu aux belles paroles de
la société. Tous les jours Suzanne reprend;
il n'y a plus trace de maladie; je voudrais
l'entendre appeler la belle madame Jousselin.

— Y pensez-vous? dit la veuve émue.

— Non seulement j'y pense, mais j'y ai

longtemps pensé et j'y penserai toujours. Ce pauvre garçon pense à Suzanne encore plus que moi ; il sèche, il devient maigre, tandis que Suzanne semble fleurir de son chagrin. Le vieux Giboreau n'ira pas loin, je vous en réponds, foi de médecin. Jousselin sera nommé chef de bureau. N'est-ce pas ce que vous demandiez jadis pour notre chère enfant? Une position tranquille, assurée.

— Ma pauvre Suzanne ne l'aime pas.

— Convenez qu'elle a de l'amitié pour lui.

— Elle s'est habituée à le voir ; j'ai essayé de le faire aimer, je n'ai pas réussi.

— Eh bien ! elle le connaît, elle sait qu'elle aura pour mari un galant homme qui se jetterait dans le feu pour elle, que peut-on désirer de mieux ? Il l'aime, vous le savez...

— Mais elle ne l'aime pas.

— Qu'importe ? N'en est-il pas toujours ainsi, un *il* qui souffre pour une *elle*, ou une *elle* pour un *lui*. Vous n'avez pas la prétention de changer l'humanité ? Une certaine confiance en ménage, une habitude doucement amicale ne valent-elles pas mieux que les grandes passions qui s'éteignent plus tristement qu'un feu de la Saint-Jean ? Je ne désire plus qu'une joie dans ce monde, c'est d'embrasser madame

Jousselin le jour de ses noces. Après ça je peux m'en aller.

— Ne dites pas ces choses-là, docteur... Avez-vous quelquefois songé aux reproches que M. Jousselin pouvait un jour faire à sa femme?

— Ah! que vous le connaissez peu. Pourquoi vous chagriner encore d'un événement qu'il faut chasser comme un mauvais rêve. Eh bien! puisque vous me remettez sur ce cruel chapitre, je ne vous dirai qu'un mot : Jousselin, pas plus que vous, n'a voulu connaître le nom du...

— Assez, mon ami... vous avez raison.

— Ainsi, Suzanne sera madame Jousselin ?

— Je ferai tous mes efforts.

A diverses reprises, madame Le Pelletier avait essayé de sonder sa fille sur ce sujet ; mais Suzanne fondit en larmes et déclara qu'elle ne voulait pas se marier ; elle paraissait si décidée, que la veuve, craignant de raviver des souffrances saignantes, garda le silence. Il était impossible de recevoir Jousselin dans une intimité trop remplie d'illusions pour l'employé. N'était-ce pas lui donner de vives espérances que chaque jour rendait plus durables ? A ces raisons, Suzanne répondait qu'elle se ferait religieuse, si elle était obligée de prendre un parti décisif. En effet, depuis sa convalescence, elle fréquentait plus assiduement l'église et se livrait à des pratiques de dévotion qui chagrinaient sa mère par leur fréquence. Femme de bon sens, madame Le Pelletier craignait de voir tomber sa fille dans un mysticisme qu'une faute passée rend dangereux. Il en est du mysticisme comme de ces soifs dévorantes que rien ne peut désaltérer.

Le docteur Richard entreprit la cure de Suzanne et coupa court dès l'abord aux exercices religieux en emmenant tous les matins la jeune fille en voiture, lors de ses visites dans la campagne. Sous le prétexte que sa convalescence exigeait un changement d'air, il s'empara de Suzanne pen-

dant six mois, en même temps il s'empara
de son esprit. Rompu à tous les caprices
de femme, le docteur feignit de partager
les idées de la jeune fille, et se complut à
entrer dans l'idéal de bonheur qu'elle se
créait pour l'avenir. Suzanne voulait être
sœur de charité; son espoir se reportait
vers les Garnier, qu'elle visitait fréquemment, les seuls qui eussent conservé le
souvenir de Cyprien. Pendant une huitaine,
M. Richard chanta les vertus des sœurs de
charité et appuya sur le beau côté de leur
mission; mais peu à peu il revint à la réalité, dépeignit les intrigues de la communauté, les jalousies, les ambitions de la
corporation. Ayant toujours vécu dans les
hôpitaux depuis sa jeunesse, le docteur
avait été à même d'observer l'âpreté de

certaines communautés, les regrets de quelques femmes intelligentes asservies par la règle, courbées sous l'autorité, forcées d'exécuter des ordres dont l'injustice les révoltait. Suzanne se récria d'abord ; mais l'accent de bonne foi de M. Richard, les preuves qu'il donnait, la biographie qu'il attachait à des personnes que Suzanne avait rencontrées, l'envers, le dessous, l'intérieur des faits et des choses agirent puissamment sur l'esprit de la jeune fille, qui s'en rapportait à l'extérieur et aux apparences.

Quand ces premiers fondements furent sapés, Suzanne se retrouva dans l'avenir, isolée, seule, vieille fille, aigre et méchante comme les demoiselles Loche. Suzanne ne devait-elle pas à sa mère une compensation aux chagrins qu'elle lui avait donnés? Sur ce terrain, le docteur amena Jousselin, fit luire un intérieur heureux, une vie calme. La bataille dura près d'un an. Cependant, au bout de l'année, toute la population de Bayeux se porta à l'église pour assister à la bénédiction des deux époux.

Suzanne devint la belle madame Jousselin ; mais M. Richard ne put voir dans tout son éclat cette beauté blonde qui s'épanouit entre vingt-quatre et vingt-cinq ans. On pouvait présumer que l'influence normande jouerait plus tard un rôle important dans la taille de madame Jousselin, qu'il eût été difficile de saisir entre les dix doigts; mais cette légère imperfection était rachetée par tant d'heureux détails que chacun tombait d'admiration devant les yeux, les cheveux et un cou qui déroulait des lignes d'une ampleur majestueuse en s'élançant d'une poitrine à tourner toutes les têtes de la Normandie.

A Rouen, au Havre, à Evreux, à Caen, on ne l'appelait autrement que la belle madame Jousselin. Cette réputation s'accepta d'autant plus facilement que la femme du chef de bureau portait sa beauté sans fierté et sans cette dignité de trône qu'elle eût été digne d'occuper. Le chef de bureau fut effacé par sa femme; il était resté timide, parlant peu, discret; ce mariage trop longtemps rêvé lui parut toujours un rêve. Quoique sa femme lui témoignât une confiante affection, il se sentait à peine digne de paraître à côté de celle qui excitait une admiration proverbiale. Madame Jousselin alla quelquefois dans la société, tandis que son mari s'efforçait de remplacer une éducation négligée par des études administratives au bout desquelles il entrevoyait une sous-préfecture dans le lointain.

Dix ans après ce mariage, le bruit se répandit qu'un missionnaire qui avait fait ses études au collége de Bayeux, allait prêcher à la cathédrale. Sa réputation était grande par toute la France ; il avait couru de grands dangers ; sur dix missionnaires envoyés pour convertir les idolâtres, seul il revit la France. Ses frères furent décapités après avoir subi d'horribles tortures. Un vif intérêt s'attacha à la personne du père Cyprien, qui avait gardé sous un teint bronzé par le soleil et les fatigues, des traits réguliers, des yeux noirs creusés et expressifs, une taille svelte et élancée. Ses sermons furent suivis avec une rare assiduité ; on assiégeait les portes de l'église comme pour un spectacle.

La belle madame Jousselin fut la première qui se présenta au confessionnal du père Cyprien, le lendemain de son sermon. La *Gazette de Bayeux* avait annoncé que le missionnaire prêcherait seulement l'Avent et continuerait sa tournée prédicante en France ; mais cet article fut démenti deux jours après par l'*Echo de Bayeux*, dans ces termes : « Nous sommes heureux d'apprendre à nos compatriotes que le père Cyprien nous restera une partie de l'année ; le séjour de notre cité lui a été ordonné par la Faculté, jusqu'à ce qu'il puisse consolider sa santé, fatiguée par les épreuves d'une pieuse mission et d'un long voyage en Orient. »

FIN DE MONSIEUR DE BOISDHYVER.

Paris, 1854-1855.

LES QUATUORS

DE

L'ILE SAINT-LOUIS

I.

On pourrait trouver dans Paris un certain nombre de Parisiens qui n'ont jamais pénétré dans l'île Saint-Louis et qui, s'ils y mettaient le pied, en reviendraient plus étonnés que d'une petite ville de province.

C'est surtout le soir que l'île prend un physionomie particulière : séparée du Paris bruyant par deux bras de rivière qui l'entourent comme d'une ceinture, n'offrant à ses habitants que des ponts assez éloignés pour passer l'eau, l'île est depuis longtemps habitée par des rentiers et des petits bourgeois tranquilles, économes, sortant peu et se couchant de bonne heure. Il fut même une époque peu lointaine (quoique bien éloignée déjà, à considérer les événements qui se sont passés depuis) où l'habitant de l'île Saint-Louis sortait le moins possible par économie ; le péage d'un sou sur le pont constituait une forte dépense pour un modique budget ; à moins de faire un long détour, on comprend quelle imposition indirecte ce péage constituait pour une famille de dix personnes qui ne dépensait pas moins de trois cents francs par an à passer les ponts, en obéissant à de fréquentes manies de locomotions. Aussi pouvait-on présumer par avance du caractère profondément sédentaire d'une famille qui allait se loger à l'île Saint-Louis. Les logements était meilleur marché que dans Paris, il est vrai ; mais ce bon marché disparaissait devant l'impôt des ponts. Plusieurs avantages hygiéniques étaient attachés à ces logements vastes, larges, bien aérés, hauts, et n'ayant pas subi les modes d'architectures modernes qui dénomment appartement trois ou quatre pièces qu'il y a cinquante ans on traitait de cabinets. Beaucoup d'hôtels de l'ancienne noblesse, de maisons de gros bourgeois restèrent ce qu'ils étaient dans le principe, c'est-à-dire avec leurs vastes pièces, leurs immenses cheminées, leurs larges escaliers, et cette grandeur d'espace, qu'en présence des maisons étriquées d'aujourd'hui, on pourrait croire celles d'il y a moins d'un siècle, avoir été construites pour des géants. L'air de la Seine, le voisinage du jardin des Plantes, auquel on parvenait par un pont non payant, la tranquillité proverbiale de l'île, l'absence presque complète du bruit de voitures, créèrent cependant des avantages assez rares dans Paris pour que l'île fût toujours habitée.

Mais les soirs d'hiver, un provincial se fût cru dans sa sous-préfecture : à partir de sept heures les boutiques étaient fermées, les grandes rues mal éclairées. S'il y avait du gaz, on ne savait le dire, car il ressemblait sur cette terre tranquille à des réverbères en mauvais état ; les grandes fenêtres protégées par des volets de bois intérieurs ne laissaient échapper aucun filet de lumière. Là seulement s'entendaient les cloches de Notre-Dame auxquelles répondaient timidement celles de Saint-Louis-en-l'Isle. Le vent, la neige, la pluie, la grêle étaient les seuls habitants de ces rues, surtout le vent qui, chassé pour ainsi dire de Paris par les hautes constructions, aimait à venir prendre ses ébats dans ce lieu tranquille. De la scène s'échappaient de muets brouillards semblables à des patrouilles grises qui s'avançaient discrètement sur les quais, gagnaient les rues, pénétraient dans les ruelles et impasses, et entraient à pas de loups dans les maisons dont on n'avait pas fermé les portes.

C'est pourtant dans cette petite ville morte que le célèbre Valentin, connu de tout Paris par son caractère gai et aventureux, avait transporté son mobilier, sa joie et sa jolie maîtresse, Violette Taffin. Valentin, dévoré d'une passion frénétique pour la musique, ne trouva que l'île Saint-Louis pour loger sa collection d'instruments et ses curiosités... Aussi fut-il bientôt remarqué de tous les habitants de l'île par ses façons d'agir, par ses fréquentes sorties, par la prodigieuse quantité d'instruments qu'il apportait ou qu'il emportait, enfin par le sans-souci qui régnait dans ses vêtements. Valentin représenta l'*art* et la fantaisie dans une petite ville de six mille bourgeois curieux, et le bruit de ses aventures retentit plus d'une fois dans les salles tristes et monotones du café Savant, ainsi nommé du nom de son propriétaire.

Il entrait dans le caractère de Valentin de ne s'effrayer d'aucun obstacle, et même de se jeter le plus souvent dans des entreprises qui auraient fait le malheur d'un être plus raisonnable : lorsqu'il se présenta pour louer un appartement, la portière le prévint que la maison étant habitée par des locataires très tranquilles, son système était de ne pas ouvrir la porte passé neuf heures du soir. Valentin avait pour habitude de ne rentrer qu'entre minuit et une heure du matin : un autre n'eût pas conclu le bail ; sans manifester la moindre surprise, le musicien déclara qu'il venait habiter l'île Saint-Louis pour des motifs de tranquillité et qu'il était rare qu'il ne fût pas couché à huit heures ; mais il sous-entendait jésuitement huit heures du matin. Après diverses questions de la portière qui avait pour mission de ne pas recevoir dans la maison de ménage chargé de trop jeunes enfants, après interdiction de chiens et d'états à marteaux, Valentin se montra tellement exaspéré contre la famille, les animaux, les menuisiers et les serruriers, que la portière crut avoir trouvé une perle dans son nouveau locataire.

L'engagement signé, Valentin transporta un à un, avec prudence, ses instruments de musique qu'il n'osait confier aux voitures de déménagement, et les violons, les violoncelles, les altos, les guitares et mandolines traversèrent la porte-cochère de la maison qu'ils allaient farie tressaillir. Jusque-là ces instruments de petit format n'avaient pas effarouché la portière qui eut seulement une révélation à l'entrée d'une énorme et vieille contre-basse gothique, noire et construite sans la délicatesse moderne.

— Seigneur! dit-elle à Valentin qui portait l'instrument avec un de ses amis, est-ce encore une musique?

— Oui, dit-il en souriant ; mais on n'en jouera pas ici, la maison n'est pas assez solide.

— Le jour suivant, Valentin entra triomphalement dans la maison tranquille, avec un vieux serpent de cathédrale, d'une taille inaccoutumée : les plis et replis de cet instrument noir et bizarre qui frappe l'imagination des enfants et des paysans, parurent encore plus menaçants à la portière que la vieille contre-basse. Elle resta réfléchie le restant de la journée, se demandant qu'elle était la profession de Valentin qui avait déclaré ne rien faire et qui lui apparaissait comme un gnome destiné à troubler son repos. L'idée lui vint d'aller trouver le propriétaire et de l'informer de la multitude d'instruments qui entraient à tous moments dans le logement du musicien qu'elle commençait à prendre pour un mauvais génie, car le soir même de l'apparition du serpent, Valentin amena un autre animal bien plus terrible, à en juger par sa gueule hideuse qui apparaissait sous son manteau et qui n'était autre que le pavillon d'un *bucsin,* sorte de trombonne-basse dont on ne se sert plus aujourd'hui, et qui était décoré d'une tête de dragon, ouvrant la gueule, montrant de longues dents blanches, les yeux hors de la tête, le tout peint brutalement de couleurs rouges et vertes.

Peut-être les craintes de la portière eussent-elles été calmées, si Valentin lui avait confié l'administration de son appartement, mais il n'en dit pas mot et ne donna pas à entendre qu'il eût besoin d'une femme de ménage. Cependant, après deux jours et deux nuits de troubles et d'inquiétudes, la portière se rassura en n'entendant parler d'aucun dégât commis par les monstrueux animaux de musique que le nouveau locataire avait introduits dans la maison. Valentin se conduisait prudemment et ne voulait pas encore se faire un ennemi de la portière : chassé de son précédent appartement pour bruits musicaux, il s'était laissé aller à ne pas chercher de logement ; et ce ne fut que deux jours avant l'expiration du terme qu'il se mit en quête d'un appartement. Par une idée bizarre il choisit l'île Saint-Louis pour y fixer son domicile, et pour s'éviter la peine de chercher, il prit le premier logement qui lui tomba sous la main, sans s'inquiéter des clauses et des charges verbales qu'on lui imposait, mais il avait une idée fixe, c'était de dissimuler et de rester au moins six mois dans son nouvel appartement. Or, les logements de moins de cinq cents francs ne se louent à Paris que pour trois mois, et il est permis au propriétaire de donner congé pour le trimestre, pourvu toutefois que le congé soit donné avant le demi-terme, c'est-à-dire jusqu'au 14 à midi. Passé le 14, le propriétaire ne peut renvoyer ses locataires que trois mois plus tard, et Valentin affectait de se conduire en homme rangé jusqu'au demi-terme, bien certain alors de jouir de quatre mois et demi de séjour, malgré les tempêtes du propriétaire et de son fondé de pouvoirs, la portière. Pour cela, ne pouvant se décider à rentrer à neuf heures du soir, il logea pendant six semaines chez son amie la brocheuse, Violette Taffin, qui avait une petite chambre dans le quartier de la Sorbonne.

La portière, ignorant l'absence de Valentin, crut qu'il se couchait régulièrement à huit heures du soir, et elle reprit la placidité qui fait le fond du caractère des habitants de l'île Saint-Louis ; mais, dès le 14, à peine fit-il nuit que les locataires qui demeuraient sous le musicien furent frappés d'un singulier phénomène : des sons étouffés se faisaient entendre, les murailles tressaillaient et le plafond résonnait sous un frappement égal et uniforme. C'était l'installation du quatuor.

Depuis quelques années Valentin et trois de ses amis ne passaient jamais une semaine sans faire de musique : ils s'étaient donné corps et âme à l'interprétation des œuvres de Haydn, de Mozart et de Beethowen, et ils auraient sacrifié affaires et parties de plaisir plutôt que de manquer leur réunion musicale ; le changement de logement de Valentin avait suspendu leurs séances, et cette suspension les avait affamés, aussi commencèrent-ils à sept heures le quatuor pour ne le quitter qu'à minuit. Seule, Violette Taffin assistait à la séance, car les quatre amis ne jouaient que pour eux et ne demandaient ni compliments ni acclamations, trop heureux de trouver une douce satisfaction dans leurs sentiments intérieurs. Quelquefois un petit sourire tendre errait sur les lèvres de l'un d'eux et témoignait des sensations délicates qu'il trouvait dans ces lectures musicales.

Chacun avait sa manière de sentir qui se manifestait suivant la différence de son tempérament. On a l'habitude de se représenter un quatuor composé de quatre vieux bourgeois de province, joueurs et racleurs de violon qui passent leurs soirées à commettre des fautes d'orthographe contre l'harmonie; les caricatures dirigées de tout temps dans ce sens ont faussé l'opinion publique. Les quatre amis de l'île

Saint-Louis, loin de se laisser aller à ce demi-sommeil provincial où la tête s'appuie sur le violon comme sur un oreiller, y mettaient une vivacité et une ardeur telle qu'ils ne se quittaient que brisés de fatigue.

Mademoiselle Violette Taffin représentait la femme par sa qualité la plus rare, le silence complet. Son affection pour Valentin l'avait amenée à ce bon résultat. Pendant tout le temps de la séance, elle ne quittait pas un petit ouvrage de broderie et elle levait de temps en temps les yeux sur Valentin, qui, abandonné à l'extase musicale et jeté dans un autre monde, oubliait tout à fait sa maîtresse. Une autre femme eût été jalouse de cette passion qui entraînait Valentin dans le pays de l'harmonie, mais Violette semblait se plier aux fantaisies de son amant; si elle avait cru lui faire plaisir, elle eût étudié l'harmonie. Cependant elle avait le droit de se mêler à la conversation quand le quatuor terminé, les quatre amis déposaient les archets, s'étendaient sur des divans, et enveloppés dans une fumée épaisse de tabac, se livraient à des discussions musicales sur le dernier morceau qu'ils venaient de jouer, ou se contaient quelque histoire divertissante ; mais Violette, en femme discrète et intelligente, préférait écouter la conversation plutôt que d'y prendre part; et à moins d'être interpellée directement, elle écoutait les propos des amis comme elle écoutait leur musique.

— Vous avez l'air triste ce soir, dit Valentin à James ; est-ce qu'il y a de l'amour là-dessous ?

— James n'a jamais aimé, dit Sylvestre.

— Violette regarda James avec étonnement. James avait une figure rouge et une certaine fraîcheur de campagne dans le teint, fort rare à Paris. Il était à peu près certain que la passion n'avait pas donné aux traits de sa figure cette empreinte qui distingue l'homme fait du jeune homme.

— Qu'en savez-vous, si je n'ai pas aimé ? dit James, qui en présence d'une femme ne voulait pas avouer sa froideur.

— Vous l'avez dit l'autre jour à table, dit Sylvestre.

— C'est-à-dire que je n'ai pas éprouvé de fortes passions comme vous, mon cher Sylvestre, mais je ne tiens pas à avoir le cœur labouré et à souffrir ce que vous avez souffert.

— Bah! dit Sylvestre, un pompier se brûle à moitié dans un incendie, il guérit; le lendemain de sa guérison, il court à un autre incendie. Malgré tout ce que j'ai souffert, je me jetterai jusqu'au cou dans l'amour, quand même je saurai souffrir encore. Et toi, Valentin?

— Moi aussi, répondit celui-ci.

— Catelina ne dit rien, s'écria Sylvestre.

Catelina, le premier violon, était presque aussi muet que Violette ; on le voyait sourire de temps en temps, on entendait un petit symptôme de joie danser dans son gosier, mais il parlait rarement.

— Je ne crois pas beaucoup à vos grandes passions, dit-il en s'adressant à Valentin et à Sylvestre, et au contraire je penserai plutôt que l'amour s'abattra à un moment sur la tête de James et qu'il est destiné à ressentir de fortes commotions.

Catelina avait l'esprit ironique et froid,

et James était souvent victime de ses plaisanteries.

— Ah! s'écria James d'un ton glorieux, Catelina a raison.

Sylvestre et Valentin souriaient.

— Du reste, messieurs, ne croyez pas, dit James, que je sois un être sans passions, il m'est arrivé l'an passé à la campagne une aventure qui, certainement, prouve le contraire, et que je vous raconterais bien si nous avions le temps.

— Est-ce que nous ne faisons plus de musique? demanda Catelina.

— Après que James aura parlé ; reposons-nous un moment, dit Valentin.

— J'étais engagé à passer quelques jours à la campagne, dit James, dans une fort belle propriété qui appartient au comte... Vous me permettrez de ne pas dire son nom. C'était un homme aimable, joyeux, bon vivant, chasseur infatigable et gros mangeur. Par malheur il avait une femme très belle, mais d'une austérité de dévote renforcée et d'une sévérité de principe qui était écrite dans chaque ligne de sa figure. Elle me reçut poliment, froidement, même avec une réserve, un ton tellement glacial que je n'eus qu'une idée, celle de fuir aussitôt du château. Tout était rigide dans la comtesse, sa toilette, sa figure, ses habitudes, et elle n'avait pas l'air chagrin ni maladif, c'était sans doute le résultat d'une éducation particulière. Elle répondait poliment aux questions qu'on lui adressait, j'y étais bien forcé à table, et elle appelait le comte *son ami;* mais elle aurait pu dire *monsieur*, que ce terme eût paru moins froid. Le lendemain, le comte qui avait fait tout disposer pour la chasse, m'emmena dans les bois, nous avions des provisions dans notre carnier; les villages de par là se touchent les uns aux autres, et, après six à sept heures de courses, nous entrâmes dîner dans le premier cabaret venu. J'étais fort heureux de ne pas rentrer dîner au château; l'aspect de la comtesse me glaçait, et au moins j'avais, comme compensation, un compagnon qui ne tarissait pas en plaisantes histoires, en gais propos. Après la fatigue de la journée, nous buvions un petit vin rouge du pays avec plus de plaisir que les meilleurs vins de la cave du comte. Cette vie de fatigue dura huit jours, pendant lesquels je ne fis qu'entrevoir la réservée comtesse à laquelle j'allais présenter mes hommages le soir. Ce qui m'étonna le plus, c'est l'éloge perpétuel que le comte me fit de sa femme ; effectivement, il n'avait pas à se plaindre, car il prit pour lui toute la gaîté du ménage, et elle n'eut en partage que la froideur. Dans la vie commune, le comte ne paraissait faire aucune attention à la taciturnité de sa femme, il ne s'inquiétait aucunement de son air réservé, et n'en était nullement soucieux. Si la discrétion ne m'avait retenu la langue plus d'une fois, j'aurais demandé au comte la raison de la réserve sur laquelle se tenait la comtesse. Un moment il me vint à l'idée que j'en étais la cause ; peut-être lui étais-je antipathique, peut-être n'aimait-elle pas la société, et, c'était sans doute un visage composé pour me chasser du château ; mais je m'aperçus qu'elle traitait ses domestiques avec la même réserve, et même que la femme de chambre se modelait sur le maintien de sa maîtresse.

— Voilà une triste maison, dit Sylvestre.

— Je n'y serais pas resté une seconde, dit Valentin.

— Attendez, reprit James, vous êtes trop pressés. Quoique les femmes de la comtesse empruntassent le plus qu'elles pouvaient de la physionomie de leur maîtresse, il y en eut une dont la nature rebelle ne put se plier à cette pruderie : c'était une grosse fille blonde, forte et grande, qui semblait la joyeuse déesse de la Santé. Quoiqu'elle fût jeune, un second menton commençait à poindre sous le premier, et quand elle penchait un peu la tête, un sillon rosé se détachait sur son cou puissant. Elle avait l'œil bleu, rieur, et des joues à donner envie d'y mordre comme dans des pommes. Je ne vous la donne pas pour une élégante personne, sa taille était forte, et elle ignorait complétement l'art du corset. Son fichu était toujours attaché assez négligemment pour qu'au plus petit vent il se dérangeât et laissât voir une poitrine robuste se jouant dans un corsage un peu lâche. Cette grosse santé avait en partage une joie sans exemple : à elle seule elle animait les corridors et les cours du château : ses éclats de rire étaient fermes et francs comme sa poitrine, et c'est ce qui l'empêchait sans doute d'avoir des vêtements mieux ajustés, car en une journée elle eût crevé dix corsages de robes, si elle les eût portés à la mode parisienne. Jeannette tenait de ces belles nourrices de campagne qui vous donnent envie de redevenir nouveau-né.

— Oh! oh! s'écria Valentin, il y a des dames ici.

—M. James, dit Violette, n'a l'air de rien,

et il me paraît bien enthousiaste de la grosse paysanne.

— Vous aimez Jeannette? dit Sylvestre.

— Pas encore, reprit James, mais je commençais à en avoir l'idée. Seulement, ces femmes-là, on ne sait que leur dire; pas moyen de leur faire une petite déclaration, elles vous rient au nez; il faut les traiter à la paysanne, et c'est un rude métier. Quand je m'avisais de pincer un peu le bras de Jeannette, elle me donnait une tape à renverser une cathédrale; si elle me frappait sur l'épaule, je ne remuais plus le bras de la journée. Quand elle appliquait ses larges mains sur mon dos, je ne respirais plus. Bien heureusement elle ne pensa pas à me donner un soufflet, car elle m'eût fait sauter la mâchoire. Je laissai quelques jours Jeannette tranquille, me reposant de ses tapes, et je cherchais à savoir si elle n'avait pas un amoureux parmi les gens du château; mais je n'aperçus rien qui témoignât contre sa vertu. Ne croyez pas que j'avais une forte passion pour Jeannette : elle arrivait tous les matins dans ma chambre m'apporter du chocolat, et j'avais un réveil si gai en ouvrant les yeux et en voyant la grosse fille qui me criait : « Hé! grand paresseux! » que je ne pouvais la chasser de mon esprit.

Je la faisais rester près de mon lit sous

le prétexte d'attendre la tasse, et je la laissais causer ou plutôt rire, ce qui n'était pas difficile. Le moindre mot la faisait partir en éclats. Je ne sais vraiment quelle bonne fée a présidé à la naissance de ces êtres qui ont en partage ces joies rabelaisiennes, qui font du bien même aux gens mélancoliques. « Allons, Jeannette, ne riez pas tant, » lui disais-je. Et elle éclatait de plus belle. « Que penserait-on si on vous entendait? » Jeannette, fière de son innocence, s'inquiétait peu d'être entendue. « Jeannette, soyez calme. » Mais, à toutes ces raisons, elle ne faisait que répéter : « Grand paresseux! » s'étonnant de voir un homme couché à huit heures. Puis elle se sauvait en me faisant la niche d'ouvrir les rideaux de la fenêtre et même la fenêtre tout entière. « Un jour elle me dit : « S'il n'est pas levé demain, je lui jette le pot à eau dans les draps. » Car elle ne me parlait pas directement et s'adressait toujours à la troisième personne.

Cette déclaration de guerre était une espèce de coquetterie de campagne, et j'attendis assez impatiemment le combat, car la lutte commencée m'autorisait à des libertés que l'ardeur excuse. Mais Jeannette comprit sans doute aussi bien que moi à quels dangers elle s'exposait, et elle se contenta de me menacer dans l'avenir, d'une aspersion complète si je ne me levais pas. Je n'y pensais plus, lorsqu'un matin elle sortit de la chambre plus tôt que d'habitude et ne ferma pas la porte ; je prenais tranquillement mon chocolat dans le lit, lorsqu'une colonne d'eau en forme de courbe me tombe sur la tête et est suivie d'un éclat de rire à la Jeannette. Je me lève moitié confus, moitié de bonne humeur, je sors de ma chambre ; Jeannette était déjà au bas de l'escalier. Le lendemain matin, j'étais éveillé avant qu'elle vînt et je me préparais à une douce vengeance, mais la fille rusée n'osa reparaître sur le champ de bataille. Deux coups vigoureux frappés à ma porte et un certain bruit de vaisselle sur le plancher m'annoncèrent que Jeannette, craignant l'ennemi, avait tout simplement déposé le déjeûner sans oser entrer.

La trève fut longue à se conclure, j'avais beau prier Jeannette de revenir causer comme par le passé en m'apportant à déjeûner, elle continait à frapper discrètement à la porte pour me réveiller, et j'étais obligé de me lever et d'aller moi-même chercher mon chocolat.

— Vous ne me servez pas bien, dis-je à Jeannette ; le comte ne serait pas content s'il savait que vous me faites lever tous les matins.

— Pourquoi est-il si paresseux? me dit Jeannette.

Cependant, la confiance revint; je promis d'oublier le jet d'eau qui m'avait atteint, et Jeannette reparut en toute assurance. Elle s'était familiarisée avec moi comme avec un ami, et elle me bourrait de coups de poing, toujours pour me guérir de la paresse. Elle en vint même à s'asseoir au pied du lit et à causer avec moi en modérant un peu ses éclats de rire. Cette grosse fille me plaisait par sa bonté et sa joyeuse humeur. Ce n'était plus une femme qui était près de moi, c'était la joie, la santé, et je n'y mettais plus de malice. Un matin qu'elle était assise auprès du lit, elle se posa de telle sorte qu'elle fit tomber les rideaux, et avec les rideaux une barre de fer qui les retenait au plafond. La tringle de fer porta sur mon épaule, je jetai un cri.

— Oh! s'écria Jeannette, est-ce qu'il s'est fait mal?

Et la bonne créature se précipita sur mon épaule et m'arracha presque la chemise pour s'assurer que je n'étais pas blessé. Une petite rougeur seule témoignait de l'accident. Jeannette ne riait plus, elle regardait avec intérêt le coup que j'avais reçu, elle s'accusait d'en être le principal auteur, et si elle avait osé, je crois qu'elle aurait embrassé mon épaule, comme font les mères pour faire oublier à leurs enfants le coup qu'ils ont reçu et les empêcher de pleurer. Je ne souffrais pas, mais je prenais plaisir à voir la contenance embarrassée de Jeannette, qui me regardait avec ses bons yeux bleus et dont la poitrine se soulevait sous le coup d'une puissante émotion.

— Lui faut-il de l'eau? du vinaigre?

demanda-t-elle quand le premier moment de stupéfaction fut passé.

— Non, Jeannette, dis-je en lui prenant les mains, qui étaient un peu rugueuses, il est vrai, mais qui me plaisaient de la même manière que les gens de la ville éprouvent une certaine volupté à manger du pain noir de paysan.

— Est-ce qu'il a toujours mal? me dit-elle.

— Non, Jeannette.

— Ah! tant mieux, dit-elle en dégageant ses mains. Maintenant, il faut remettre les rideaux.

— Attendez que je me lève, lui dis-je.

— C'est que, dit Jeannette, le plus tôt sera le meilleur ; si quelqu'un venait, ça semblerait drôle de voir la chambre à l'envers.

— Eh bien ! Jeannette, regardez un moment à la fenêtre.

Elle alla naturellement à la fenêtre.

— C'est fini, dis-je, je suis habillé ; vous pouvez me regarder en face.

Jeannette rougit considérablement et revint mettre en ordre les rideaux qui pendaient après la tringle.

— Je ne suis pas assez grande, me dit-elle après avoir grimpé sur le lit et essayé de faire entrer la tringle dans le mur.

— Je vais vous aider, Jeannette.

Et je montai sur le lit ; mais je ne sais comment cela se fit, mes bras s'enroulèrent autour de la taille de Jeannette ; elle rougit, ferma les yeux, trembla et était prête à tomber en défaillance, lorsque la porte s'ouvrit, et la comtesse entra dans la chambre.

— La comtesse, s'écria Sylvestre, aïe !

— Que venait-elle faire chez vous ? demanda Valentin.

— Vous me coupez court au beau moment, je ne dirai plus rien. Faisons un quatuor, il est tard.

— Allons, James, la fin de l'histoire.

— Monsieur James, dit Violette !

— Je continue seulement pour Violette ; dit James, parce que ne m'ayant pas interrompu, elle a droit au dénoûment. La comtesse avait l'air plus sévère que de coutume ; je fus terrifié, je devais être pâle comme un marbre. Jeannette avait immédiatement recouvré la vue.

— Je vous appelle depuis une demi-heure, mademoiselle Jeannette, dit la comtesse d'un ton sec qui ne laissait pas de réplique ; descendez, on a besoin de vous.

La grosse fille sauta au bas du lit, fort confuse, les joues ardentes et les oreilles plus rouges que les joues. Il ne s'écoula qu'une seconde ; mais combien l'homme peut penser en une seconde !

J'étais terrifié des reproches qu'allait m'adresser la comtesse ; je n'avais plus qu'à sortir du château, car les apparences étaient contre moi. La comtesse, sans dire un mot, changea complétement de physionomie ; tout ce qu'il avait de sévère dans sa figure disparut, on eût dit un arc-en-ciel se dessinant tout à coup sur des nuages sombres. Elle monta sur le lit, prit les rideaux et se rapprocha de moi, tout à fait comme elle avait surpris Jeannette...

— Oh ! s'écria Sylvestre ; et puis ?

— Et puis, dit James, je fus cent fois plus déconcerté par un changement aussi subit dans la manière d'agir de la comtesse ; à mon tour, je sautai au bas du lit et je m'enfuis, laissant la comtesse.

— Malheureux ! s'écria Valentin.

— Et vous avez osé la revoir ? demanda Sylvestre.

— Non, dit James, je quittai le château dans la matinée.

— Faisons vite notre quatuor de Haydn. dit Valentin ; il n'y a rien à dire après une pareille conclusion.

II

Violette Taffin amena, à la séance qui suivit, son amie Victoire, qui était une jeune fille pâle, maigre et d'une santé appauvrie.

— Mademoiselle, dit Valentin, permettez-moi de vous embrasser.

— Mais je ne vous connais pas, dit-elle en souriant.

Sans attendre de permission, Valentin l'embrassa.

— Voilà, dit-il, la connaissance faite; maintenant j'ai le droit, quand vous sortirez ou vous entrerez, de vous saluer de cette façon.

— Que dira Violette? demanda Victoire.

— Violette y est habituée, dit Valentin. Comment vous appelez-vous?

— Victoire, dit-elle.

— Eh bien! Victoire, il y a quatuor ce

soir, je vous en préviens, afin que s'il vous prenait quelque envie de parler, il est temps maintenant de satisfaire à ce besoin.

— Pourquoi ? demanda-t-elle.

— Parce que tout à l'heure le silence le plus absolu sera votre partage.

— Je l'ai prévenue, dit Violette.

— Vous me croyez donc bien bavarde? demanda Victoire.

— Du tout, dit Valentin; mais on a vu des personnes qui aiment à causer et qui se trouvent malades d'un bavardage rentré; ne vous gênez pas, vous êtes libre à cette heure, causez beaucoup, dites tout ce que vous voudrez, même des bêtises, Violette vous aidera.

— Méchant, dit Violette.

— Vous me comprenez bien, n'est-ce pas, Victoire? j'entends que vous pouvez parler de sujets d'une importance médiocre.

— Je comprends, dit Victoire, que vous êtes sans façon, monsieur Valentin.

— Si vous me dites encore monsieur, je vous tutoie.

Valentin avait un tel empire sur les grisettes, qu'au bout de cinq minutes, par sa bonne humeur, ses embrassades, sa gaîté, il savait réduire les plus fières au silence, et que, fascinées par le sans gêne de sa conversation, elles s'imaginaient connaître Valentin depuis plusieurs années.

Sylvestre, qui entra sur le moment, était d'une nature contraire ; il était plutôt occupé du dedans que du dehors, et quand une idée bouillonnait en lui, il aurait passé auprès d'un régiment de tambours sans les entendre.

— Oh! mon ami, s'écria-t-il en entrant dans la chambre, j'ai entendu *Preciosa* ; quelle musique! j'en rêve, je me réveille en pensant à *Preciosa*, il y a un petit motif qui m'est revenu dans la tête et qui ne m'a pas quitté de la journée... Aujourd'hui, je le cherche et je ne le retrouve plus... Voyons...

Il se mit au piano et essaya quelques accords.

— Ce n'est pas ça ; pourquoi n'as-tu pas la partition de *Preciosa?* Tu devrais avoir tous les opéras de Weber. Comme le public, du reste, a compris la partition de *Preciosa!* les grandes œuvres seront toujours comprises... Tout le monde s'y mettait, le chef d'orchestre, les musiciens, les choristes eux-mêmes, qui ne vont pas bien ordinairement ; cependant, ce jour-là, ils ont mieux chanté, parce qu'ils comprenaient. La chanteuse était une Almande qu'on ne connaissait pas encore, une femme d'une quarantaine d'années, les traits fatigués; elle était brisée par l'amour ou par la musique, peut-être par tous les deux à fois ; aussitôt que l'orchestre fit entendre ses premiers accords, sa figure s'illumina, et elle parut une toute autre femme. Quoique musicienne, elle laissait aller sa tête à un doux balancement qui ne ressemblait pas à ces balancements de tête des bourgeois de l'Opéra-Comique; la musique lui produisait le même effet que la brise qui incline les feuilles des arbres; aussi me suis-je douté qu'elle allait bien chanter, quoique son âge et les fatigues empreintes sur sa figure fissent préjuger quelque altération dans la voix... Je voudrais te donner une idée de la ronde des

Bohémiens et de ces cors qui se répondent dans les bois, et du chant des oiseaux... Quelle musique ! il y a longtemps que je n'ai entendu quelque chose d'aussi beau... Je ne peux pas, continua Sylvestre en grimaçant et en se torturant la figure, qui réfléchissait le trouble de ses pensées, te donner une définition de *Preciosa*... cela ne se définit pas ; mais toute la salle devait être influencée comme moi. Le sentiment de la nature paraît si visiblement dans cette œuvre, il est si difficile de rendre mieux le silence des grands bois troublé par le son du cor ; le chant des oiseaux se traduit si clairement par le timbre du haut-bois, des clarinettes et des flûtes, que chacun oublie la ville et ses petites passions pour rêver aux grandes solitudes, aux verdures éternelles... Le chœur des Bohémiens nous rappelle à la vie libre... Tiens, dit Sylvestre en s'interrompant, bonjour, Violette, je ne vous avais pas vue.

— Tu as mangé la part de Victoire, dit Valentin.

— Quelle Victoire? demanda Sylvestre.

— Mademoiselle, dit Valentin en montrant la grisette qui, assise mélancoliquement sur le divan, écoutait l'enthousiaste.

— J'ai mangé sa part? demanda avec inquiétude Sylvestre.

— Elle n'avait qu'un petit quart d'heure à causer ; tu parles bien, il est vrai, mais tu n'en rognes pas moins sa provision de paroles. Violette, prépare les lampes et les pupitres.

Pendant que la jeune fille obéissait aux ordres de Valentin. Sylvestre s'était mis au piano et cherchait à se souvenir d'un motif de *Preciosa*.

— Voilà déjà huit heures, dit Valentin, et James n'arrive pas.

— Catelina est prévenu? demanda Sylvestre.

— Oh! il ne manque jamais ; il ne s'enthousiasme pas en apparence comme James, mais il est plus sérieux. Ah! on sonne, Violette, va ouvrir.

C'était le premier violon.

— Nous serons obligés de jouer des trios ce soir, dit-il.

— Diable! s'écria Valentin, James ne vient pas, je parie.

— Je l'ai rencontré dans la journée, dit Catelina, il m'a prévenu qu'il avait des affaires importantes.

— S'il s'agissait encore de quelque rendez-vous, dit Sylvestre, on pourrait lui pardonner, mais rien de sérieux ne l'engage ailleurs.

— Il lui est tombé un parent de province, dit Catelina.

— Il n'y a pas de parents, s'écria Valentin, quand on fait de la musique. Je passe ma vie en vagabond, à me faire donner congé par tous mes propriétaires à cause des quatuors, et cependant je tiens bon; il faut savoir se sacrifier pour la musique. Est-ce que vous vous en allez, Victoire.

La jeune fille s'était levée et mettait son chapeau.

— Je suis sortie, dit-elle, de l'atelier avant l'heure, et j'ai peur qu'on ne vienne me chercher.

— Quel est l'heureux *on?* dit Valentin.

— C'est quelqu'un que tu ne connais pas, M. Colisée, dit Violette.

— Mademoiselle, reprit Catelina, il pleut beaucoup, je vous avertis.

— Oh! dit Victoire avec un certain effroi, il va se mouiller.

— Eh bien! Violette, dit Valentin, dis-moi si je suis autant aimé que ce M. Colisée; es-tu jamais troublée ainsi de me laisser mouiller?

— M. Colisée, répondit Violette, est toujours très bien mis, en bottes vernies, et Victoire sait combien il lui est déplaisant de se mouiller, tandis que tu ne crains pas de marcher sans parapluie.

— Un parapluie! s'écria Valentin, je les hais, les parapluies; malheur aux gens qui marchent sur les trottoirs en les tenant devant eux comme un bouclier, je ne manque jamais de leur donner un violent coup de poing; mon rêve serait de les broyer avec la toile, les baleines et le manche.

— Alors, dit Victoire, je n'ose pas vous demander de m'en prêter un.

— Violette s'est passé la fantaisie d'une ombrelle, dit Valentin, mais je lui interdis le parapluie quand elle est à mon bras; aussi, Victoire, comme vous le présumiez, vous n'en trouverez pas ici.

— Comment faire? disait Victoire.

— M. Colisée, dit Violette, ne te voyant pas venir, montera à l'atelier; on lui dira que tu es partie avec moi, et il viendra te chercher.

— Mesdemoiselles, dit Valentin, un peu de silence, nous nous accordons.

Deux heures se passèrent en trios; mais les trois amis, accoutumés à faire de la musique de quatuors, n'étaient pas satisfaits de la certaine maigreur que ne parviennent pas à dissimuler trois intruments à cordes; à chaque repos, le nom de James reparaissait, flanqué d'injures de toute espèce; heureusement, l'entrée de M. Colisée vint mettre une diversion à la mauvaise humeur des exécutants. Le nouvel arrivé jeta un regard sec sur Victoire qui avait souri en voyant entrer son amant et qui devint morne sous ce coup d'œil. M. Colisée représentait un jeune employé par l'excessif soin de sa toilette; il tenait ses habits comme on tient ses livres. Le regard était attiré par une chaîne d'or et par des breloques également en or disposées avec symétrie. Entre l'ouverture du gilet de velours apparaissaient les plis d'un petit jabot empesé avec soin ; la cravate, lustrée et d'un satin luisant, large de deux doigts, couleur bleu de ciel, appartenait, par les nœuds réguliers et carrés, à ces cravates toutes faites qui se trouvent à l'étalage du chemisier et qui ne laissent nulle part à la fantaisie du porteur. Sur la cravate se collait, plus roide qu'un morceau de fer-blanc, un faux-col rabattu. Le chapeau était aussi brillant qu'aux vitres d'un chapelier ; pas un poil ne se détachait de la masse, et il ressemblait à un lac calme. En l'ôtant, le jeune homme laissa voir une chevelure lisse, onctueuse, partagée sur le milieu du front par une raie plus droite qu'un soldat prussien et qui sillonnait le dessus du crâne et descendait jusqu'au cou. Des favoris un peu minces partaient des oreilles et allaient s'épaisissant avec une régularité désespérante, pour former deux belles poires de chaque côté des joues. Les sourcils avaient été tracés, sans doute, par le *tire-lignes* d'un architecte, en demi-cercle parfait, et semblaient tendus comme la corde d'un arc; la barbe du menton, en forme de royale, aurait fait le désespoir d'un maître d'écritures, tant elle était irréprochable dans sa tournure de virgule présentée de face; le même soin avait présidé à la moustache épaisse qui se tordait tout à coup aux angles de la bouche et présentait une petite pointe aiguë vraisemblablement obtenue par une cire sans égale. La figure du jeune homme offrait ce teint mat particulier aux lorettes qui prennent un grand soin de leur corps ; elle ne paraissait pas naturelle, les eaux de toilette, les cold-cream devaient y jouer un rôle éternel quand le jeune homme était retiré en son particulier. De grands yeux noirs taillés en amande et bordés de longs cils semblaient plutôt de grandes fenêtres par les ouvertures desquelles il ne passait ni esprit ni intelligence.

Irréprochable en tout, on pouvait reprocher à ce jeune homme de ne penser jamais ; ses lèvres étaient disposées à recevoir un sourire perpétuel, et elles s'ouvraient plutôt pour laisser voir une rangée de dents si blanches, si bien rangées et si bien taillées, qu'elles pouvaient avoir été décrochées la veille, dans un passage, à la montre d'un dentiste. La vie était absente de cette physionomie en proie à l'art des parfumeurs et des coiffeurs. Habillé d'une veste turque. M. Colisée eût pu gagner sa vie à tourner sur un piédestal dans la boutique d'un marchand d'habits. Un costumier l'eût habillé en Espagnol, avec un pourpoint couvert de broderies, et l'eût suspendu à sa fenêtre du premier étage, certain qu'il ne bougerait pas et qu'il remplirait avec avantage un mannequin.

Le trio regarda avec stupéfaction cette

élégante gravure de modes vivantes, pendant que Victoire dévorait des yeux son amant ; une flamme maladive passait par les yeux de la petite ouvrière, qui restait presque en extase devant le jeune homme. Toute l'attention de Valentin était portée surtout vers un certain parapluie bleu de ciel, fluet et léger, qui complétait l'habillement de M. Colisée. Quant à lui, après avoir jeté en entrant un regard dans la glace de l'appartement, il salua les trois amis d'un signe de tête modéré qui ne pouvait déranger sa coiffure. Ayant été invité à s'asseoir, il releva les pans de son habit avec la précaution d'une marquise qui s'assied avec ses paniers, et, autant que pouvait l'exprimer sa physionomie, il envoya un regard sévère à l'adresse de Victoire.

Celle-ci, partagée entre le plaisir de voir son amant et la crainte de lui avoir déplu, suivait avec inquiétude un coup d'œil qui allait d'elle aux bottes du jeune homme.

— Violette, dit-elle bas à l'oreille de son amie, pourrais-tu me prêter un torchon ?

Violette passa dans la pièce voisine et en revint aussitôt avec un linge. Alors Victoire, sans perdre une seconde, s'agenouilla devant son amant et lui essuya les bottes, sur lesquelles paraissaient deux ou trois taches de boue.

Valentin suivait cette pantomime et regardait ses amis en haussant les épaules. Catelina ne laissait rien paraître des observations qu'il faisait, et Sylvestre souriait amèrement. Pour M. Colisée, étendu avec une nonchalance affectée dans le fauteuil, il ne prêtait aucune attention à Victoire, qui lui essuyait les bottes avec la compassion de la Madeleine baisant les pieds du Christ, et il se regardait dans la glace qui lui faisait face avec une entière complaisance.

— Si nous jouions la sérénade de Beethowen ? dit Valentin exaspéré, en voulant donner un autre cours à ses pensées.

Il suffisait qu'un des amis eût un désir pour qu'il fût accepté avec empressement par les autres ; et malgré les grandes discussions musicales qui s'élevaient parfois à propos de Beethowen et d'Haydn, un éclectisme amical les réunissait et les empêchait de s'opposer à la lecture d'un maître plutôt qu'à celle d'un autre maître.

— Fais donc attention,! dit Sylvestre à Valentin, qui ne partait pas au signal donné.

Mais Valentin levait de temps en temps les yeux de dessus son cahier et regardait curieusement le jeune homme dans son fauteuil, qui avait tiré de sa poche un flacon de sels et le respirait avec affectation. L'appartement était petit et rempli, il est vrai, d'un épais brouillard de fumée de tabac qui n'était rompu que par la vive lueur d'une lampe à quatre becs suspendue au plafond.

— Nous n'allons pas ! s'écria Sylvestre indigné, nous n'allons pas ! Est-il possible de faire de la musique pareille ?

Une fois assis devant son pupitre, Sylvestre ne connaissait plus que la musique, et rien n'était capable de le déranger de son attention profonde; au contraire, Valentin se laissait influencer par l'harmonie et oubliait qu'il jouait en compagnie pour être absorbé par son instrument propre, ce qui est le plus grave défaut quand il s'agit de musique d'ensemble. Valentin avait fait trop longtemps de la musique seul avec son piano pour se rompre entièrement à l'esclavage du quatuor et du trio. Il était trop ou pas assez attentif à sa partie; trop attentif, il ne regardait jamais le premier violon et suivait un rhythme précis, sans s'inquiéter si le mouvement ralentissait ou augmentait de vitesse. La direction d'un quatuor est imprimée par le premier violon ; les trois autres intrumentistes sont des inférieurs qui lui ont juré une obéissance absolue et qui ne doivent pas le quitter de l'œil, pas plus que les musiciens d'un nombreux orchestre ne jouent leurs parties qu'en regardant en même temps l'archet du chef d'orchestre.

Sylvestre entrait souvent dans des colères d'autant plus vives qu'elles étaient sourdes et contenues, car Valentin n'aimait pas être repris et soutenait toujours qu'il était dans son droit. Une fausse note, une attaque molle, un *piano* pour un *forte*, un *forte* pour un *piano*, un final sans énergie remplissaient l'âme de Sylvestre de tempêtes, parce qu'il remarquait surtout chez Valentin un manque d'attention. Valentin avait un défaut encore plus prononcé, c'était de se laisser distraire par les moindres événements : Violette ouvrant une porte, la lampe qui baissait, le poêle qui s'éteignait, prenaient aussitôt une case de son cerveau, la case réservée tout entière à la musique, et l'entraînaient à des fautes de détail qui faisaient bondir Sylvestre sur son tabouret.

— Ce n'est pas la peine de continuer, s'écria Sylvestre exaspéré par une *queue* de Valentin, il vaut mieux en rester là.

— Très joli ! très joli ! fit M. Colisée en

frappant légèrement ses mains gantées l'une contre l'autre.

Ce compliment immérité redoubla la colère de Sylvestre.

— Vous trouvez, monsieur, dit-il d'un ton sarcastique.

— Oui, vraiment, très joli.

— Eh bien! monsieur, dit Sylvestre, qui ne pouvait comprendre qu'on accolât le mot *joli* à l'auteur de la symphonie héroïque, c'est du Beethowen.

— Ah! vraiment! dit le jeune homme, Beethowen a fait de bien jolis motifs.

— Brute! murmura Sylvestre qui se

pinçait les lèvres, comme s'il eût craint que sa colère ne fît explosion.

Heureusement le jeune homme se préparait au départ et ne remarqua pas la sourde colère qui agitait Sylvestre; mais aussitôt qu'il fût parti, l'explosion éclata parmi les amis.

— Comment, dit Sylvestre à Valentin, tu connais des êtres pareils, tu les reçois et tu les admets pendant que nous faisons de la musique !

— C'est de la faute de Violette, dit Valentin.

— Il n'a pas fait de bruit dit la jeune fille pour s'excuser.

— Il aurait mieux valu, s'écria Sylvestre ; je lui aurais jeté un pupître à la tête, j'étais dans mon droit ; mais c'est un homme peint ! Grands dieux ! quelle éducation a reçue un pareil être ! Il a osé tirer un flacon de sa poche, et le respirer, comme si la musique sentait mauvais.

— C'est bien ce qui m'a troublé, dit Valentin ; voilà pourquoi j'ai passé une ligne.

— Pourquoi le regardais-tu ? demanda Sylvestre.

— Et toi ?

— Moi, je le voyais bien malgré moi dans la glace, car je lui tournais le dos ;

mais cela ne m'a pas empêché de faire attention à ma partie.

— Il est vrai qu'il se regardait beaucoup dans la glace, dit Violette.

— Après deux ou trois séances pareilles, dit Catelina, il finirait par dévorer le tain ; je suis certain que ta glace doit être abîmée.

— Et cette femme a l'air de l'aimer ! dit Valentin.

— Elle l'adore, reprit Violette. Toute la journée, à l'atelier, elle ne parle que de M. Colisée ; ses moindres pensées sont tournées vers lui, elle ne sait quoi inventer pour lui plaire.

— Pauvre fille! dit Sylvestre; j'étais vraiment honteux pour elle quand elle a essuyé les bottes vernies de cet homme.

— C'est de la légèreté, dit Valentin.

— Bon! dit Violette, à partir de demain, je ne cire plus tes souliers.

— Avise-toi, dit Valentin, de laisser ma chaussure morne! En cirant mes souliers, tu agis dans un but d'utilité, de propreté et d'économie. Je ne te compromets pas devant le monde, tu l'avoues, mais rien ne t'y forçait. Ce sont des petits détails d'intérieur que tu te plais à révéler, et qui n'ont rien de pénible; tu ne voudrais pas me voir dans les rues crotté comme un barbet. Tu as assez d'amour-propre pour tenir à ce que ma chaussure reluise. Ne brosse plus demain les souliers de celui qui t'adore, continua Valentin d'un ton plaisant, je suis incapable de me livrer à cette fonction, j'appelle un commissionnaire, et je lui confie cette besogne moyennant une rétribution de tant par mois. N'ayant pas de rentes, je grève mon budget de cette somme; et je n'achète plus de nouveaux quatuors ; il m'est impossible de compléter la collection de Haydn; Violette n'entend donc pas les Haydn qui lui sont connus, et elle en souffre, car elle aime Haydn.

— Oh ! s'écria Violette.

— Tu m'as dit que tu aimais Haydn.

— Haydn ou un autre, dit-elle en secouant la tête.

— Allons, dit Valentin, devant le monde elle n'ose pas avouer sa passion pour Haydn.

— Va, dit la jeune fille, c'est pour rire que je te disais cela; demain matin tes souliers seront plus reluisants que jamais.

II

III

Valentin rencontra une après-midi
M. Colisée qui s'était engagé, on ne sait
pour quelle cause, dans le qnartier de la
rue Saint-Dénis, avoisinant les halles.
M. Colisée avait toujours de ces toilettes

de Champs-Élysées, habituelles aux gens qui n'ont rien à faire et qui passent leur temps à s'habiller et à se déshabiller, ou qui ploient leurs pensées à s'absorber dans l'harmonie d'un pantalon et d'un habit de différentes couleurs. Aussi était-il tout dépaysé dans les rues de l'activité et du travail. Les débris des voitures de fruitières jonchent le pavé ; d'incessantes voitures triturent ces matières et en font une boue particulière qui mettait M. Colisée sur les épines. Il marchait sur la pointe du pied, avec les angoisses d'un homme condamné à se promener à pieds nus sur une pelotte d'épingles. En même temps il affectait une raideur à la mode, et son mépris pour cette immense circulation paraissait tellement sur sa figure qu'il fut

victime d'une plaisanterie particulière
aux maçons. Un ouvrier, devinant le dédain de M. Colisée pour le quartier, eut
soin de se frotter légèrement à lui, et
couvrit une des manches de son habit
d'une poussière de plâtre. M. Colisée le
regarda avec indignation; mais n'osant
entamer une querelle avec un homme robuste, il continua son chemin en s'époussetant avec tous les signes d'une immense
contrariété.

— Ah! monsieur, quel sale quartier,
dit-il à Valentin; vraiment c'est insupportable d'être obligé d'y passer.

— J'y suis habitué, dit Valentin, et je
m'y promène presque avec autant de plai-

sir que dans la campagne. J'éprouve même des sensations douces et gaies en regardant toutes ces couleurs vives du marché des Innocents.

— Mais, monsieur, on se crotte à l'impossible devant votre marché !

— Quand mes yeux sont contents, dit Valentin, je ne m'inquiète guère de regarder à mes pieds. N'est-ce pas une grande récréation que de regarder en passant toutes ces verdures, ces couleurs si franches des légumes et des fruits, et toutes ces belles santés de marchandes qui s'épanouissent dans ce coin de Paris ?

— Peuh ! dit M. Colisée, vous regardez ces femmes ?

— Non-seulement je les regarde, mais je les admire ; la franchise, la gaîté sont écrites sur leur embonpoint, et cette vue me réjouit plus que l'aspect de vos femmes pâles et chlorotiques du boulevart.

L'entretien fut interrompu par une foule considérable qui stationnait devant un bâtiment en démolition et dont il ne restait plus qu'une haute aile de six étages. Une forte corde était attachée dans l'embrasure d'une fenêtre, et les maçons étaient occupés à faire reculer les curieux dans la crainte de quelque accident.

— Je vais chez mon coiffeur me faire donner un coup de fer, dit M. Colisée ; vous devriez bien m'accompagner, on vous friserait par la même occasion.

— Moi ? me friser ! s'écria Valentin.

— Et pourquoi pas ? Mon coiffeur est un homme très artiste. Vous verrez le parti qu'il tirera de votre tête ! vous ne vous reconnaîtrez plus en sortant de ses mains.

— C'est bien ce dont j'ai peur, dit Valentin. Il faut réellement une vocation pour se faire friser, et un homme comme moi, qui n'a pas grand souci de son extérieur, devient ridicule avec une tête trop bien bichonnée. Il n'y a plus d'harmonie dans sa personne ; les boucles ondoyantes de la chevelure ne correspondent pas au reste de la personne. La frisure vous va très bien, monsieur Colisée.

— Vous trouvez ? dit celui-ci.

— Parfaitement, quoique je trouve que la masse de vos cheveux soit disposée un peu largement. A votre place, je ferais arranger mes cheveux à la neige.

— Vraiment! dit M. Colisée en réfléchissant, à la neige !

— Rien n'est plus joli qu'une frisure à la neige, dit Valentin, qui apportait dans ce discours un sangfroid de garçon perruquier ; vos cheveux noirs paraîtraient encore plus noirs frisés par petites mèches et divisés en mille petites boucles... A propos, je voulais vous demander un renseignement... Vos cheveux ne sont pas teints ?

— Teints! s'écria M. Colisée avec indignation.

— Et vos moustaches? avouez qu'elles le sont un peu.

— Mais, monsieur, je ne sais ce que vous voulez dire.

— C'est que vos sourcils sont si bien dessinés! Mais vous ne me direz pas que vous ne mettez pas un peu de noir dans le coin de vos yeux pour les agrandir?

— Ah! monsieur! s'écria M. Colisée indigné.

— Vous êtes un coquet, dit Valentin, cela se voit.

— D'après ce que vous avancez, monsieur, dit M. Colisée, je vous supplie de venir avec moi chez le coiffeur.

— J'irai volontiers, répondit Valentin, mais à une condition, c'est que nous allons voir cette maison tomber.

— Rien n'est plus dangereux, disait M. Colisée ; nous allons être couverts de poussière.

— Non, dit Valentin ; nous sommes trop loin.

Les maçons commençaient à tirer les cordes ; un immense pan de mur se balançait doucement ; enfin un grand craquement se fit entendre, puis un bruit semblable à celui d'une forte fusillade. Il ne restait plus que des débris de la maison ; mais un nuage de poussière épaisse enveloppait la rue et les curieux. Valentin avait compté sur cet effet, car la circulation fut interrompue par la crainte d'accidents, et M. Colisée ne se tira de ce brouillard produit par les décombres que les habits entièrement saupoudrés d'une matière épaisse et grisâtre. Il ne pouvait s'en consoler et tardait d'arriver chez son coiffeur, le célèbre Jalabert, pour remettre quelque ordre dans sa toilette. Il avait si peu l'habitude d'apporter quelque poussière sur ses habits, que le coiffeur en manifesta son émotion.

— Est-ce vous, monsieur Colisée ? dit-il. Je vous reconnais à peine.

— Voyez, monsieur, dit M. Colisée à Valentin, Jalabert a peine à me reconnaître. Jalabert, donnez mon habit et mon gilet à votre garçon, qu'il les nettoie attentivement, n'est-ce pas?... Et mon chapeau! et mes cheveux!

— Oui, votre chevelure est bien en désordre; pas autant que celle de monsieur, dit le coiffeur en jetant un regard médisant du côté de Valentin; mais nous vous en tirerons, monsieur Colisée, grâce surtout à une nouvelle pommade qui laisse les plus fines bien en arrière, une pommade unique, et qui va avoir un succès...

— Ah! s'écria M. Colisée, vous avez une nouvelle pommade? J'en veux...

— Elle coûte un peu cher.

— N'importe! vous savez que je ne regarde pas aux prix.

— Et vous avez raison, monsieur Colisée. Quand vous aurez goûté de la pommade d'Olivarès, vous n'en voudrez plus d'autre.

— C'est vous, monsieur, qui êtes l'inventeur de cette pommade? demanda Valentin au coiffeur.

— Monsieur, j'en suis indigne; je la fabrique, mais le secret de cette merveilleuse composition m'a été donné par le parfumeur de la reine d'Espagne. Rien de plus délicieusement aromatisé; sentez, monsieur Colisée, je vous prie ; rien de plus coquet à la vue; regardez, messieurs; cela vous donne envie d'en manger.

— Oh! s'écria Valentin.

Le coiffeur haussa les épaules d'avoir montré une telle curiosité a un homme qui n'en était pas digne, et ayant introduit son doigt dans le pot de pommade, il le retira chargé d'un produit gras qu'il avala en témoignant de grands signes de satisfaction.

Valentin regardait le coiffeur avec autant de stupéfaction qu'un honnête rentier qui verrait un ours du Jardin-des-Plantes avaler une nourrice et son nourrisson : et sa surprise était d'autant plus grande qu'un rayonnement qui partait de l'intérieur pour s'attacher à la face du coiffeur, montrait dans quelles extases gastrosophiques le plongeait la pommade d'Olivarès. Sa langue accomplit même diverses circonvolutions à l'intérieur de la bouche, ainsi qu'un serpent qui s'avance par immenses annelures ; grâce à ce manége, la plus petite parcelle de la fameuse pommade d'Olivarès ne put rester attachée au palais, et immédiatement après cette opération, le coiffeur leva vers le ciel un regard doucement attendri comme pour le remercier de lui avoir permis de savourer sur cette terre un moment de délices.

— Ah! s'écria-t-il avec un accent de regret, si je pouvais en manger tous les jours ! Mais c'est trop coûteux... Songez, monsieur Colisée, qu'un grain de la grosseur d'une tête d'épingle suffit à parfumer les chevelures les moins soignées.

Et Jalabert envoya un autre coup d'œil de mépris à Valentin.

— Je ne peux pas délivrer un de ces petits flacons à moins de dix francs, dit le coiffeur en montrant un flacon d'un verre assez épais qui contenait un filet jaunâtre de la grosseur d'une aiguille.

— J'aimerais mieux manger pour dix francs de choucroute, dit Valentin.

Jalabert fit un haussement d'épaules plein d'insultes violentes. Il regardait d'une façon significative Valentin et M. Colisée, de telle sorte que ce dernier comprit qu'il avait fait une faute en introduisant un mortel si grossier dans le temple.

— M. Valentin plaisante, dit M. Colisée qui craignait de se compromettre aux yeux de Jalabert. On ne mange pas dix francs de choucroute... pouah !

— Pardon, dit Valentin, quand elle est excellente, et qu'on y joint un grand quartier de lard pour la faire passer.

Le coiffeur se pinçait les lèvres.

— Est-ce que vous croyez, dit M. Colisée à Jalabert, que l'effet de cette pommade est réellement salutaire à l'intérieur?

— Certainement, dit d'un air grave le coiffeur; malheureusement, M. de Rotschild seul pourrait s'en passer la fantaisie; il faut être archimillionnaire pour faire un léger repas de cette pâte exquise... La dernière reine d'Espagne, celle pour qui la pommade d'Olivarès fut inventée, était trop pauvre pour en manger. A quoi sert-il d'être reine ! Un homme de génie trouve à l'aide de la science une composition dans laquelle entrent les ingrédients les plus rares, et l'œuvre terminée, vous ne pouvez jouir de ses bienfaits. Quelle leçon ! s'écria Jalabert, quelle leçon ! Un simple artiste peut, à cette heure, en faisant un immense sacrifice, il est vrai, se passer une fantaisie interdite à la reine d'Espagne. Elle en aurait mangé de la pommade d'Olivarès, si en se restreignant elle pouvait en déjeûner un an, deux ans, mais les trésors de l'Espagne y passaient... Les ministres l'en prévinrent, et elle eut la force de s'abstenir.

— Et vous, monsieur Jalabert, demanda Valentin, qu'eussiez-vous fait à la place de la reine?

Le coiffeur se recueillit, roula sa langue par tout le palais, comme s'il eût voulu recueillir quelque preuve à l'appui de sa gourmandise.

— Je crois, dit-il, que j'aurais mangé l'Espagne et le Portugal... Mais quel parfum! monsieur.

M. Colisée ne se tenait plus pendant cette péroraison ; il flairait dans l'air les évaporations de la pommade, il s'approchait d'une toilette sur laquelle Jalabert avait déposé le petit flacon, mais comme il étendait la main pour le palper, le coiffeur s'écria :

— Ne touchez pas, monsieur Colisée, s'il vous plaît, ne touchez pas.

— Vous voyez bien, dit celui-ci, que je meurs d'impatience : je n'y goûterai pas, mais je voudrais connaître l'effet de la pommade d'Olivarès dans les cheveux.

— L'effet ! s'écria Jalabert d'un ton de reproche, dites plutôt la sensation, monsieur Colisée ; le cuir chevelu ressemble à une lande aride qui recevrait tout à coup les bienfaits d'un engrais merveilleux. On sent chaque pore s'ouvrir sous cette douce influence, et le cheveu semble tressaillir dans son pore.

— De salut, dit Valentin.

Le coiffeur regarda Valentin avec étonnement.

— De salut, reprit gravement Valentin.

— De salut? dit Jalabert, je ne comprends pas, monsieur, expliquez-vous.

Valentin avait l'habitude, quand il était froissé par des sots prétentieux, de leur envoyer des plaisanteries extravagantes qui arrêtaient la conversation comme des bâtons dans les roues d'un carrosse.

— N'avez-vous pas dit, monsieur Jalabert, que le cheveu semblait tressaillir dans son pore de salut?

— Monsieur, je n'ai pas parlé de salut.

— Alors, j'aurai mal entendu, dit Valentin ; mais continuez, je vous prie.

— Quand vous m'aurez expliqué, monsieur, votre mot.

— Ne faites pas attention, Jalabert, dit M. Colisée, c'est un jeu de mots.

— Cependant, monsieur, dit le coiffeur,

il faut être sérieux ou non ; je veux bien m'expliquer devant un étranger, non pour lui, mais à cause d'un client estimable.

— Allons, Jalabert, dit M. Colisée, ne vous fâchez pas.

— Me fâcher? dit le coiffeur, je perdrais bien mon temps ; seulement j'avertis monsieur qu'il devrait prendre garde à ses paroles... Monsieur le premier peut le coiffer, parce que ma maison est publique, mais qu'il ne s'attende pas à passer par mes mains... De salut! pore de salut! quel rapport cela a-t-il avec le cheveu? On pourra nettoyer la tête de monsieur avec tous les onguents que possède notre maison ; mais que monsieur soit bien averti : pour or ou pour argent la pommade d'Olivarès ne rendra pas à ses cheveux cette naïveté et cette virginité que notre cuir capillaire reçoit en naissant.

M. Colisée dit à Valentin, pendant que Jalabert se promenait à grands pas et murmurant tour à tour les mots de *choucroute* et de *salut* qui l'avaient particulièrement blessé :

— Monsieur Valentin, dites quelques paroles aimables à Jalabert.

— Je ne demande pas mieux, dit Valentin.

Et s'adressant au coiffeur :

— Monsieur Jalabert, nous ne nous sommes pas compris, mais aussitôt que nous aurons l'occasion de faire plus ample connaissance, comme j'ai l'honneur de l'espérer, vous trouverez en moi un homme qui respecte l'art, de quelque côté qu'il parte.

— C'est bien, monsieur, je ne vous en demande pas davantage, dit le coiffeur radouci. Je vais d'abord prendre soin de la chevelure de M. Colisée, et quoique cela n'entre pas dans mes habitudes, je vous permets d'y assister.

— Ah! monsieur Jalabert! s'écria Valentin en serrant les mains du coiffeur.

— Vous me permettrez de me dispenser de toucher à votre tête; je ne fais pas plus de dix têtes dans ma journée, et encore suis-je brisé de fatigue... Monsieur le premier, du reste, est un jeune homme qui a reçu mes conseils, qui travaille depuis deux ans sous ma direction ; vous ne trouverez pas plus fort parmi les maîtres de la capitale.

— Comment donc? monsieur Jalabert, dit Valentin, je suis déjà assez flatté.

Le coiffeur sonna, et celui qu'on appelait *monsieur le premier* (afin sans doute de ne pas lui donner le nom injurieux de garçon, ni celui plus vulgaire de commis ou d'employé) entra ; c'était un grand jeune homme soigneusement rasé de partout où pousse le poil, mais qui reportait tout l'art de la coiffure dans les apprêts d'un *coup-*

de-vent qui formait ombrage sur son œil gauche. Serré dans un pantalon collant à rayures noisettes et pincé dans un caraco vert-pomme, monsieur le premier entra dans le petit salon de coiffure comme s'il se fût présenté au foyer de la danse à l'Opéra. Jalabert affectait l'air grave et toujours plongé dans de graves méditations, la tête dans le grand collet de son vaste habit noir, le front entièrement chauve (fait qui eût pu porter atteinte à l'action bienfaisante de ses pommades), il parlait en homme supérieur atteint d'une calvatie prématurée par des excès de veilles et de recherches scientifiques. Et la plupart de ses clients prenaient une immense confiance dans la perte des cheveux de Jalabert, certain qu'un homme atteint d'une pareille maladie devait avoir poussé tous ses efforts de ce côté, soit pour prévenir les calvities futures, soit pour les arrêter, soit pour les réparer.

A eux, Jalabert et son premier offraient le plus grand contraste : l'un grand, l'autre court ; l'un sévère dans ses habits, l'autre excessivement recherché ; l'un sans cheveux, l'autre couvert de boucles et de crespelures si fines qu'elles devaient n'avoir pu être obtenues que par des aiguilles à tricoter rouges. Monsieur le premier n'avait qu'un léger vice : du bas de son pantalon à raies noisettes collant aux chevilles, s'avançaient deux énormes pieds larges et plats qui l'apparentaient encore avec les danseurs : il ne lui manquait que la couronne de fleurs, le sourire aux lèvres et une femme maigre à soulever dans ses bras pour débuter ; car il portait sur sa figure cette sublime niaiserie qu'atteignent après de longues méditations les danseurs de l'Opéra.

— Monsieur le premier, dit Jalabert, veuillez débarrasser monsieur.

Sur cette ordre, M. Colisée fut dépouillé de ses habits jusqu'à la chemise.

— Le plumeau ? commanda Jalabert.

A l'aide d'une espèce de chasse-mouches composé de plumes d'oiseaux, il épousseta le cou de M. Colisée.

— L'eau des Amours? demanda Jalabert.

Et il respira fortement un flacon que lui présentait monsieur le premier, en manifestant l'extase d'une personne qui respirerait de l'éther pour la première fois. En ayant pris une gorgée dans sa bouche, il en lança seulement quelques perles sur la tête de M. Colisée, et avala le reste en faisant claquer sa langue comme s'il eût bu un excellent verre de xérès.

— Parfaite! s'écria-t-il; vous devez trouver mon eau des Amours plus fine encore qu'à la dernière séance? dit-il à M. Colisée.

— Certainement, dit celui-ci pour témoigner de la déférence à son coiffeur, car il n'avait pas senti la plus légère rosée pénétrer ses cheveux.

— Le matelas! s'écria Jalabert.

On lui apporta un coussinet en soie rose qu'il étendit sur la tête de son client. Puis il prit un fer à repasser et le promena lentement sur le matelas en pesant de toute sa force sur la tête de M. Colisée, qui ployait sur sa chaise en menaçant de disparaître sous sa toilette.

— Au nom du ciel, ne bougez pas, monsieur Colisée, je vous brûlerai; résistez-moi, accumulez toutes vos forces.

Valentin regardait ce curieux spectacle

avec un intérêt tel qu'il ne se rappelait pas qu'un drame lui eût apporté une pareille tension dans l'esprit.

— Monsieur le premier, la petite douche aux essences de Bengale, s'écria Jalabert.

Et, de même qu'il avait mangé un fort doigt de pommade d'Olivarès et qu'il avait avalé au moins une demi-gorgée d'eau des Amours, le coiffeur trempa ses lèvres dans l'essence de Bengale ; l'ayant mélangée dans un verre d'eau, il introduisit cette combinaison dans le corps d'une petite seringue d'ivoire et en *jicla,* suivant son mot, quelques traits sur la tête de M. Colisée ; puis il recommença l'opération du séchage avec un second fer plus pesant encore que le premier ; et s'emparant de deux baguettes de fer souple dont il constata la chaleur en les trempant dans un verre d'eau, il en fouetta la chevelure de M. Colisée en variant la manière de s'en servir : tantôt il courbait les cheveux sous la pression des baguettes, tantôt il élevait la chevelure à l'état de monument pour se donner la joie de le renverser par des coups saccadés. A l'aide de ses baguettes il tripotait la chevelure de M. Colisée comme font les matelassières pour enlever la poussière de la laine des matelas, il les soulevait en houppes, en flocons nuageux, et les pliait aux mille caprices des roseaux tourmentés par la tempête.

Monsieur le premier regardait ce travail avec une parfaite admiration en se dressant, non pas sur la pointe, mais sur le bord de ses larges pieds ; son long corps se balançait, suivant les souples mouvements des baguettes de fer. Après les opérations des divers peignes d'acier et d'ivoire, après avoir subi les ondulations imprimées par des brosses de format différent, M. Colisée comprit à un silence solennel que la pommade d'Olivarès se préparait; effectivement, Jalabert ayant introduit une spatule minuscule dans le flacon étroit, en retira un atome, et après l'avoir broyé dans ses dix doigts, il les passa écartelés dans la chevelure de M. Colisée.

— Regardez-vous, monsieur, dit-il en tombant sur un divan, épuisé de fatigue.

M. Colisée alla lui tendre la main.

— Merci, Jalabert, dit-il.

— Monsieur Jalabert, dit Valentin, suis-je réellement obligé de subir toutes ces opérations ?

Mais le coiffeur accablé ne put faire qu'un signe en lui montrant monsieur le premier qui s'avançait vers lui.

— C'est un peu long, garçon, dit Valentin.

Monsieur le premier ne bougea ni ne répondit.

— Vous voulez dire, monsieur le premier, reprit M. Colisée choqué de l'inconvenance de son compagnon.

— J'admire beaucoup cette préparation, dit Valentin, mais je n'ai réellement pas le temps de la subir. Violette m'attend.

— Donnez-lui le demi-service, dit M. Colisée à monsieur le premier.

— Mon cher monsieur Colisée, dit Valentin pendant qu'on le soumettait à diverses opérations plus simples, ces fers chauds sur la tête me causent une soif immodérée. Ne pourrait-on pas me procurer un verre d'eau ?

M. Colisée s'enthousiasmait devant les mille boucles légères de la chevelure de Valentin qui avaient été accommodées avec art.

— Passez-moi, mon cher monsieur Colisée, dit Valentin, un grand verre d'eau, je vous prie.

Tous ces ordres ayant été exécutés, Valentin se versa le verre d'eau sur la tête sans s'inquiéter du cri que venait de pousser Jalabert exaspéré ; d'un bond le coiffeur se trouva près de Valentin qui, avec sangfroid, se jetait de l'eau froide sur la tête, détruisant d'un coup l'effet des onguents, des pommades et les prodiges d'architecture de la frisure de monsieur le premier.

— Mon cher monsieur Colisée, dit Valentin, nous pouvons sortir, maintenant que j'ai enlevé les drogues de Jalabert.

IV

Sylvestre entra un matin chez Valentin qui était encore couché.

— Je suis triste à mourir, lui dit-il, j'aime quelqu'un.

— Et ce quelqu'un est-elle jolie, demanda Valentin.

— Certainement, dit Violette qui rangeait dans la chambre d'à côté, et qu'on n'aurait pas supposé devoir entendre ; mais il y a beaucoup de femmes que le mot *amour* éveille comme un coup de canon, et mademoiselle Taffin était du nombre.

— Comment ! s'écria Valentin, tu ne la connais pas ?

— Non, dit Sylvestre ; je sais seulement son état : elle est fleuriste ou coloriste, et s'habille d'une petite robe d'indienne et d'un chapeau de paille.

— Alors tu la connais ?

— Elle rit toute la journée et chante en travaillant ; le dimanche je la mène promener aux environs de Paris, le lundi je la conduis au spectacle, et le reste de la semaine elle travaille sans s'arrêter que pour prendre ses repas.

— Où as-tu trouvé cette charmante personne ?

— La nuit, dit Sylvestre.

— Dans un bal ?

— Non, je ne sais où.

— Comment l'appelles-tu ? demanda Valentin.

— Tu ne vois pas, dit Sylvestre que c'est un rêve. Je me suis réveillé une nuit avec le souvenir rose d'une grisette que je venais d'entrevoir. Ma mansarde, remplie tout à coup de massifs de fleurs d'où serait sortie une musique tendre, ne m'aurait pas donné des sensations plus fraîches. J'aimais... Aimer un rêve, n'est-ce pas de la folie ?

— Je te comprends, dit Valentin, et je ne vois pas là de dérangement de cerveau; tu rêvais une chose que tu désires; mais tu rencontreras difficilement la femme qui t'est apparue.

— Pourquoi? dit Sylvestre.

— Parce que la grisette que tu cherches est une perle rare.

— Cependant, dit Sylvestre, en appliquant fortement ma volonté, ne crois-tu pas que la femme inconnue se rencontrera sur mon passage?

— Explique-toi plus clairement, je suis sûr que Violette ne te comprend pas.

Violette, qui balayait, se reposait de temps en temps et suivait cette conversation avec un vif intérêt.

— Il y a une pensée, dit Sylvestre, qui

m'a toujours frappé, non pas peut-être par
sa justesse, mais par la consolatiou qu'elle
doit apporter à tous les esprits mélancoliques. C'est de croire que pour celui qui
en est digne, il existe sur la terre un être
doué des mêmes facultés que lui, et qui ne
peut manquer à un moment de faire son
bonheur. Aimant réellement, je crois, d'après cette théorie, que dans un coin de
Paris, à l'heure qu'il est, se trouve une
femme qui a les mêmes aspirations. Je ne
désire pas une princesse, je ne demande
qu'une fleuriste : c'est un plaisir pour les
yeux que de leur voir se servir de petits
outils et employer des couleurs toujours
fraîches. Je ne tiens pas à ce qu'elle soit
jolie ; ce que je veux, c'est un peu de jeunesse et beaucoup de gaîté.

— Allons, dit Valentin, ton idéal est encore plus facile à toucher que l'horizon, n'est-ce pas Violette? A propos, ne laisse pas le déjeûner dans l'idéal. Elle t'écoute, et elle ne songe pas à aller chez la fruitière.

Violette sortit.

— Je croyais, continua Valentin, que tu aimais quelque part une femme?

— J'ai cru, dit Sylvestre que je l'aimais, et le lendemain j'ai cru que non, ensuite je suis revenu à l'aimer, enfin je me suis sauvé. Je ne sais comment je suis construit, mais je n'aime que quand on m'aime, ou du moins je ne commence à aimer qu'avec la certitude de l'être : le même phénomène se passe dans mes amitiés et dans mes relations habituelles.

— Donnant, donnant, dit Valentin.

— Juste : si je me trouve en présence d'un homme froid et peu communicatif, je deviens plus froid que lui; si une femme me dédaigne, je la dédaigne; si un homme fait le fat devant moi, je deviens impertinent. Je suis un miroir grossissant les défauts ou les qualités des personnes avec lesquelles je me trouve pour la première fois; je sens que j'ai tort, et que cela me conduit quelquefois à une conduite tout à fait opposée à mes intentions, mais c'est plus fort que moi. Aussi je te trouve heureux, mon cher Valentin, par ton air ouvert, par ton sans-façon joyeux, de franchir immédiatement ces barrières qui s'élèvent entre gens inconnus, et je donnerais bien quelques années de ma vie pour posséder cette précieuse qualité.

— Bah! dit Valentin, tu en as d'autres que je n'ai pas, tout se compense... Quand tu es triste, tu l'es beaucoup, mais aussi quelles folies s'emparent tout à coup de ton esprit et de ton corps.

— C'est justement l'affaiblissement de ce contraste que je cherche à obtenir, mais je n'y arriverai jamais, j'ai trop analysé dans ma vie toutes les sensations, les jouissances, l'amitié, l'amour. Ah! cher Valentin, si jamais tu sentais pousser en dedans de toi cette mauvaise graine qui s'appelle l'analyse, ne lui donne pas le temps de prendre racine, arrache-la, ne crains pas une douleur aiguë sur le moment, car plus tard cette douleur momentanée ne te quittera pas, ne te laissera pas un moment tranquille, et, malgré les plus violents efforts, elle restera à jamais. L'amour veut des esprits simples, confiants et naïfs, et celui-là se perd qui veut en chercher les causes et qui essaye de déchiffrer le cœur des femmes. Je n'étais pas né analytique, du moins cette triste et désolante qualité, je ne croyais pas la posséder, lorsque je vis tout à coup le doute s'emparer de moi, le raisonnement paralyser toutes mes facultés aimantes, et une aridité prendre la place des douces croyances qui jadis flottaient en moi. Tu sais, Valentin, combien je fus trompé, et avec une perfidie si terrible que, malgré tous les pansements que de jolies mains ont faits à mon cœur, il y restera toujours une petite plaie aussi inguérissable que celle de ces ânes dont le bât a usé la peau et qu'on force à marcher.

La voix la plus pure sonnait faux à mon oreille ; la figure la plus chaste était un masque cachant mille perfidies ; les paroles plus simples me semblaient renfermer mille mensonges. J'aurais trouvé dans un ange de la dissimulation, de même que certains chimistes trouvent du poison dans une aiguille à tricoter. Tu penses quelles singulières et perpétuelles souffrances j'éprouvais : être jeune et déjà plus défiant que Bartholo ; jouer à mon âge un rôle de ridicule vieillard !

Je sentais ma maladie et je me faisais horreur à moi-même ; en proie à cette triste situation, j'affectais un visage riant, j'essayais de montrer un cœur content, car j'avais honte de mon état, et je n'osais dire à la femme que j'aimais : Je crois que tu me trompes, il me semble que tes paroles sont en contradiction perpétuelle, quelquefois ta voix sonne faux... J'aurais été ridicule, je n'avais pas le droit de soupçonner la femme que j'aimais. Je passe vivement sur ces terribles maladies de l'esprit qui annonçaient une certaine faiblesse de caractère, je fus séparé de la femme par la mort. L'immense chagrin que j'en éprouvai me guérit ; alors son portrait reparut devant mes yeux, ses actions défilèrent l'une après l'autre, et j'ai conservé dans mon cœur le souvenir blanc et chaste d'une femme telle qu'il s'en rencontre rarement.

Je fus guéri de mes soupçons injustes, mais je fus guéri de l'amour. Avec les femmes je n'apportais plus qu'un scepticisme goguenard dont il était difficile de se rendre compte ; c'est alors que les grands mots de passion vous arrivent à la bouche pour être détruits immédiatement par une plaisante attention. Désespérant jamais de retrouver une femme qui eût la moitié des qualités de celle que j'avais perdue, je ne songeai plus qu'à m'amuser de l'amour et à rire de la politique des femmes. Dans les soirées, le cœur parfaitement gardé, c'était un divertissement sans pareil que d'étudier un coup d'œil en apparence vague et qui allait répondre à un autre coup d'œil. Les mille drames amoureux dont le prologue est dans le plus léger serrement de main, dans une parole froide en apparence, semblaient se jouer à mon bénéfice ; je vivais heureux de mon rôle de public, et je ne rêvais que maris trompés, femmes abandonnées, amants remplacés, comédies jouées pour moi seul.

Comment se fait-il qu'avec un fonds plein de bonté, on en arrive à ne trouver de plaisir que dans les souffrances d'autrui, et pourquoi faut-il que l'irritabilité personnelle vous amène à ne souhaiter que plaies et bosses en amour ? J'ai passé plus d'un moment misanthropique à étudier le changement qui s'était fait en moi, et eussé-je dû être trompé mille fois plus cruellement encore que je ne l'avais été, j'aurais racheté bien cher cette confiance qu'un premier amour méconnu avait tuée à jamais. La moquerie, la raillerie, le septicisme pincent les lèvres et le cœur : quand tu verras un homme rire de toutes les croyances religieuses, sociales et amoureuses, plains cet homme, mon cher Valentin, car il est plus malheureux que tu ne le supposes dans l'isolement. Dans le monde, il affectera un air souriant, un sourire perpétuel, mais derrière ce sourire l'incroyance se tiendra avec son armée d'ennuis crochus qui lui garrotteront chacun de ses gestes comme s'il avait un corset de force.

Une drôle de comédie la vie où chacun a son masque, et où les succès sont pour ceux qui marchent la figure découverte et semblent ces bourgeois en habit noir entraînés au bal de l'Opéra par une bande de masques avinés et criant pour s'étourdir. Je jouais la comédie du septicisme, et je rêvais une enfant ne connaissant rien de la vie, demeurant auprès du jardin des Plantes, et ouvrant sa fenêtre à six heures du matin pour respirer l'air qui a traversé toutes ces verdures étrangères. Quant au monde, à ses mesquineries et à ses conventions, je le prenais en pitié ; ma figure était devenue de marbre, et à force d'attention j'étais parvenu à en chasser toute espèce de passions, comme certaines femmes empêchent les rides par la volonté et quelques onguents.

— Comment, monsieur, vous avez tant souffert ? me dit une femme du monde chez laquelle j'allais en soirée.

— Mais, madame, lui répondis-je un peu contrarié, qui vous a dit?...

— N'en veuillez pas trop à M. Georges, me dit-elle, il est si bavard. Vraiment, je n'aurais jamais cru que vous eussiez tant aimé.

En ce moment, elle se tut, car Georges et son mari approchaient. Le mari était arrivé à l'état de borne, c'était un être un peu idiot, qu'on tolérait encore dans le salon, mais qui n'avait conservé aucun de ses droits. Sa femme disait souvent devant le monde : « Je suis veuve, » chacun riait, et le mari semblait ne pas comprendre cette cruelle plaisanterie. Aussi madame Combette usait-elle de tous ses droits de veuve; elle sortait seule, n'emmenait jamais son mari avec elle, faisait des invitations sans consulter personne, et jouissait d'une liberté d'autant plus singulière que, malgré son genre de vie un peu en dehors des lois de la société, sa réputation était excellente.

Elle avouait ne pas aimer son mari, et cela paraissait tout naturel ; madame Combette était une femme pleine de santé, d'un âge flottant au tour de la trentaine, la figure pleine et blanche, d'un embonpoint plutôt friand qu'exagéré, ayant toujours un sourire sur ses lèvres roses et pleines de charme. Je ne crois pas trop avancer en disant que l'amour n'avait jamais griffé cette aimable personne, d'une santé si heureuse. On ne lui connaissait pas plus de défauts au moral qu'au physique ; comme l'amour est une maladie cruelle, madame Combette ne dut jamais passer par les fièvres de la passion : du moins il ne lui en restait rien sur la figure. Elle était heureuse de vivre, et elle semblait ne chercher qu'à se rendre aimable aux personnes qui l'entouraient.

D'après ces tendres confidences, je savais que mon ami Georges l'aimait, et chaque soir il ne manquait pas de venir me trouver, fût-il minuit et fussé-je couché, pour me donner le bulletin amoureux de la journée. Il lui avait dit son amour, et elle avait reçu en souriant cette confidence, c'est ce qui blessait le plus mon ami Georges. Car madame Combette lui avait parlé raison, et lui dit à peu près :

— Je suis libre, et cependant je ne veux pas tromper mon mari, quoiqu'il ne s'en inquiéterait guère. Ah! si j'étais veuve selon les lois, je pourrais écouter un homme qui me parlerait amour, quoique je ne pense pas à m'engager et que j'aime ma liberté par-dessus tout. Croyez-moi, monsieur Georges, restons bons amis, et ne m'en demandez pas davantage.

Cette bonne amitié, mon ami l'avait acceptée et s'en repentait tous les jours, car il était sur un pied intime avec madame Combette, mais plutôt à la manière d'un frère, et il sentait que plus cet état durerait, plus il l'éloignerait de l'amour. Cependant, de temps en temps, on lui permettait quelques libertés qu'il tâchait de rendre le moins fraternelles possibles : c'était en entrant et en sortant une poignée de main à l'anglaise qui ressemblait furieusement à un long et passionné serrement de main. Georges entrait chez moi comme une trombe, et me posait ordinairement deux sortes de questions ; la première était :

— Voilà ce qui arrive, qu'en penses-tu ?

A quoi je répondais le plus aisément qu'il m'était possible ; et la seconde :

— Que ferais-tu à ma place ?

Sans être un Lovelace, je sentais bien que Georges avait laissé passer plus d'une occasion favorable, et je n'osais trop lui dire qu'une fois perdus, ces hasards se retrouvent rarement. Les confidences de Georges ne me rendaient pas assez la physionomie de la dame que je ne connaissais pas ; je fus présenté dans la maison et traité dès le même soir en ami. A table, j'étudiai la physionomie de la maîtresse de la maison, et je n'aperçus rien en faveur de mon ami ; de temps en temps, la femme qui aime ou qui veut être aimée relance son adorateur par un de ces rapides coups d'œil de côté qui ne signifient rien et qui signifient tout. Madame Combette observait avec tous ses convives la même gaîté et le même esprit ; elle souriait à chacun avec le contentement d'une femme qui se sent irréprochable à tous les points de vue.

Je revins avec Georges, et je lui dis que je n'avais rien remarqué de particulier.

— Tu ne sais pas voir, me dit-il ; elle m'a serré, lorsque je partais, la main avec une force...

Je pensai que Georges, non par fatuité,

mais par un sentiment un peu vantard qui était en lui, s'exagérait peut-être la portée des poignées de main de madame Combette. Il y avait six mois qu'il avait déclaré sa passion, les pressions de main existaient depuis lors, et je trouvai Georges un peu trop confiant de se laisser abuser par des marques d'amitié si simples.

— Qu'est-ce que te disait Juliette quand je me suis approché avec son mari? me demanda Georges.

Cette simple question me montra un caractère jaloux, et je m'amusai à mentir.

— Je n'en sais plus rien, répondis-je à mon ami, de ces paroles inutiles telles qu'il s'en dit dans une soirée.

Une chose assez étonnante fit que je me rappelai tout à coup que madame Combette avait pu s'intéresser à mes souffrances de cœur, motifs de conversation très délicats qu'une femme aborde rarement sans intention. C'est se faire la conseillère et la confidente d'un homme, c'est vouloir jeter quelque baume composé de paroles douces sur une blessure. Une femme qui fait une pareille question sait ordinairement dans quel labyrinthe elle s'engage. Que ce soit dans un salon, entourée de monde, la confidence n'en est pas moins une confidence.

Madame Combette me sembla un peu plus que curieuse. Elle avait brisé juste la conversation au moment où son mari venait vers elle, accompagné de Georges. Ce n'était pas son mari qui la gênait, était-ce donc mon ami? Cependant elle tenait ces confidences de Georges, et elle pouvait continuer devant lui ses coquettes inquisitions. En me reportant à l'interrogation de mon ami, je pensai qu'elle le soupçonnait jaloux et que sans doute elle ne voulait pas lui donner le plus léger prétexte à la bouderie.

A quinze jours de là, Georges, qui était venu, comme d'habitude, me faire ses confidences nocturnes, me dit :

— On se plaint chez Juliette de ne plus te voir.

— Qui donc appelles-tu Juliette? lui dis-je, car j'avais oublié le petit nom de madame Combette, que Georges prononçait avec un certain accent que mettent les amoureux fous aux mille détails prouvant leur intimité avec une femme. Qui se plaint? demandai-je. Le mari.

— Non, Juliette.

— C'est que tu me dis *on* d'un air singulier et peu affectueux.

— Te voilà, me dit Georges, avec tes idées; j'ai dit *on* comme j'aurais dit Juliette.

Cependant il me parut que Georges avait dans l'esprit quelque irritation sourde dont ce *on* annonçait les symptômes. J'étais tellement fait à sa manière habituelle de parler, que le mot le plus simple me révélait sa façon de penser, ses sentiments les plus intimes. Il ne faut pas avoir vécu un an avec un homme pour connaître ses moindres inflexions de voix, comme un aveugle. Madame Combette était rayonnante à cette soirée. Je fus ébloui de la jeunesse de ses trente ans. Les femmes de son tempérament ne semblent pas devoir jamais vieillir ; à côté d'elles les jeunes filles de dix-huit ans sont des poupées sans importance. En la saluant, il me vint l'idée que je reprendrais volontiers la conversation commencée l'autre soir, et je trouvai Georges un trop heureux mortel d'être admis à un simple baisement de main.

Par malheur, il y avait un peu plus de monde qu'à la soirée précédente, et madame Combette était occupée tantôt après l'un, tantôt après l'autre, faisant des compliments à de jolies femmes, sans y apporter la plus petite malice. Georges était maussade pour ces raisons. Assis dans un fauteuil, il ne disait rien et lançait des regards jaloux à toute la société.

— Je m'ennuie, me dit-il, d'entendre toutes ces conversations insipides, et toi?

— Je regarde, lui répondis-je.

Une servante apporta le thé, et madame Combette distribua des tasses aux personnes qui étaient le plus éloignées de la table. Elle arriva vers moi avec sa beauté satisfaite et me présenta une tasse. Je ne sais comment elle la tenait, mais par un singulier hasard nos mains se rencontrèrent, et je ressentis en moi comme une légère détonation de machine électrique. Il y a des façons d'agir qui semblent quelquefois bizarres et qui seraient bien naturelles si on connaissait leurs raisons d'être. Je me surpris à faire de la gymnastique avec la soucoupe de ma tasse, cherchant de quelle sorte la main de madame Combette était placée pour que je pusse la rencontrer. Un juge d'instruction qui trouverait une chambre sans issue, sans fenêtres, et qui serait certain qu'un meurtrier s'est cependant échappé de là à un moment donné, aurait eu l'esprit moins tendu que moi à l'occasion de cette tasse de thé. Ce qui me tracassait le plus était l'idée que le hasard seul avait pu produire ce contact de mains. A force de tourner et de retourner ma soucoupe, je fus certain que madame Combette la tenait par dessous, dans le creux de sa main, et que cette main formait une seconde soucoupe, c'est-à-dire embrassait tous les contours de la porcelaine. Et ma raison s'obstinait à ne pas admettre qu'on tînt ainsi naturellement une tasse. S'il y avait intention, le hasard était chassé.

Il me restait une enquête à faire, qui était d'étudier si la maîtresse de la maison ne tenait pas ainsi les tasses, soit par maladresse, soit par habitude; mais chacun avait pris son thé, et je ne pus faire mon enquête. Je trouvai une petite ruse, consistant à replacer une tasse vide sur la cheminée, et je me tins dans la position d'un homme qui n'aurait pas été appelé à la distribution de la boisson et qui serait heureux d'y participer. Ces sortes de manéges demandent à être employés avec adresse; il est bon de lancer un regard à la maîtresse de la maison, de rencontrer son œil et de lancer un second regard vers l'objet convoité. J'avais l'air un tant soit peu gourmand; mais en présence du fait dont je recherchais l'origine, je m'inquiétai peu de ce petit vice. Il paraît que mon jeu de physionomie était si clair, que madame Combette comprit aussitôt.

— Vous prendrez bien une seconde tasse de thé, monsieur?

— Oui, madame; je l'ai trouvé excellent.

Je tâchai de faire passer mon cœur dans le mot *excellent*. La maîtresse de la maison versa elle-même le thé dans la tasse et me l'apporta. Il y eut encore un nouveau contact de mains, avec une certaine variante, il est vrai. Le petit doigt de la main était cette fois relevé en l'air d'une façon coquette et tout à fait détaché de la tasse. C'était comme un drapeau qui flotte en tête du régiment ; c'était comme un plumet, quelque chose d'agaçant, de fin, de rieur et de significatif. Ce petit doigt-là m'est resté bien longtemps dans la tête ; il était gai, malicieux et provoquant. En même temps madame Combette me regardait en face d'une telle sorte, que je me crus un jeune collégien plein de timidité vis-à-vis des femmes.

— Pauvre Georges ! pensais-je.

A peine remis de mon trouble passager, je regardai avec attention, et je vis que pour les autres invités la maîtresse de la maison ne tenait pas sa main autour de la tasse, de la même façon qu'elle me l'avait présentée. Je devins d'une gaîté folle, le salon un peu bourgeois se changea à mes yeux en un palais féerique, et la conversation bourdonnante des hommes et des femmes se trouva une musique délicieuse. Il y avait longtemps que je n'avais éprouvé un pareil bien-être, un tel retour à la jeunesse. Il paraît que je faisais des gestes singuliers, car Georges vint à moi :

— Mais qu'est-ce que tu pétris avec les mains ? me demanda-t-il.

J'aurais pu lui répondre que je fabriquais de la porcelaine ; car, tout en ayant les mains vides, mes doigt se promenaient autour d'une tasse invisible et en palpaient les vagues contours. Je quittai la soirée tout entier à des sensations nouvelles, n'écoutant pas ce que Georges me disait.

J'étas devenu amoureux, et mon cœur

dansait de plaisir comme un homme qui marche depuis six ans avec des béquilles et qui se réveillerait un matin les jambes guéries.

Il y a des malades incurables qui s'habituent à leur état, et ils font tout ce qu'ils peuvent pour se donner les raisons que cet état est voulu par une force supérieure; ils en prennent leur parti. Au bout de dix ans de maladie, dites-leur qu'on soupçonne un remède de les guérir, et voilà ces malades qui reviennent immédiatement à l'espoir, à la croyance, à la jeunesse. J'étais dans ce cas; je croyais mon cœur mort à jamais, et cette secousse que me communiqua la main de madame Combette me prouva qu'il y avait encore au moins quelques étincelles sous les cendres mornes et arides.

En réfléchissant, je trouvai que ma conduite envers Georges n'était peut-être pas conforme aux liens de l'amitié; lui aussi était amoureux, et je n'avais pas le droit, après ses confidences, de faire la cour à madame Combette: mais les avances ne venaient pas de moi, et il résultait qu'une provocation de la part de la femme indiquait assez qu'elle n'avait aucun penchant pour mon ami. Il se passe alors dans l'esprit de singuliers combats, et nécessairement il y a toujours un avocat du diable qui combat maladroitement en faveur de l'ami, et qui vous démontre, avec force sophysmes, que vous êtes dans le droit le plus strict.

— Je ne sais, dit Georges, en entrant chez moi, ce que tu as dit à Juliette, mais elle montre beaucoup d'amitié pour toi; oui beaucoup d'amitié.

Je répondis avec innocence que je n'avais rien fait pour mériter cet excès d'amitié. Georges était pensif et se disait sans doute au dedans de lui qu'il avait eu tort de me mener dans cette maison.

— Veux-tu que je n'y aille plus? lui dis-je, répondant à ses secrètes pensées. C'était une proposition insidieuse, car Georges ne pouvait me répondre oui sans passer pour un jaloux épouvantable. Si je lui avais dit fermement : Je n'irai plus, ou : Je ne veux plus y aller, cela montrait de ma part une intention bien arrêtée; mais forcer mon ami à déclarer sa volonté avec si peu de voiles, était au contraire le prier à m'engager de retourner, ce qu'il fit, du reste.

J'étais impatient de donner suite à la conversation interrompue, et surtout à ces frôlements de main qui m'avaient remué délicieusement. Si je n'avais craint d'éveiller les soupçons de Georges, j'aurais été faire une visite le lendemain. Huit jours se passèrent avant que je pusse revoir madame Combette, et je ne retrouvai plus à sa soirée cette impression folle dont je m'étais fait une si grande joie à l'avance. On parla de choses indifférentes, et, quoique l'occasion se présentât de causer seul avec la maîtresse de la maison, elle ne sembla plus se souvenir qu'elle avait à me questionner sur mes anciens chagrins. Je surpris, avec un grand serrement de cœur, un coup d'œil presque tendre qui allait dans la direction de Georges. On prit du thé, mais cette fois madame Combette nous montra les tasses, sans nous les porter, comme elle l'avait fait précédemment. Je cherchai quels moyens pouvaient rapprocher nos mains, et après lui avoir présenté un livre, les pincettes, le soufflet, je m'aperçus qu'elle ne se souciait pas du moindre contact.

Ce fut pour moi un triste réveil, car il me sembla que j'avais rêvé; je ne dis pas un mot de la soirée, me traitant en dedans avec toute la dureté imaginable. Je n'étais qu'un fat méprisable, et mon imagination s'était enflée comme du lait sur le feu pour retomber platement abattue par la plus petite goutte de raison. Se monter la tête parce qu'on a rencontré par hasard la main d'une jolie femme! J'avais tout à fait pitié de moi. Georges était aimé bien évidemment, et il avait fallu un sot amour-propre à me croire le préféré, après une rencontre si récente. Je laissai Georges à son bonheur, et revins chez moi avec un nouveau fonds d'amertume. J'en voulais à moi-même et à madame Combette d'avoir réveillé mes chagrins qui sommeillaient.

Georges en rentrantr me dit qu'on m'avait trouvé un peu malhonnête d'avoir quitté la soirée si brusquement, que Juliette ne lui avait parlé que de moi, et qu'elle me montrait la plus vive sympathie. Alors je crus deviner les petits manéges de madame Combette, qui se servait de moi pour éperonner le cœur de mon ami. Cette petite comédie m'amusa assez pour me donner le désir de la voir jouer quelques fois par une actrice remarquable. De temps en temps je montrai mon nez dans la maison, et j'étudiai avec soin les moindres détails. Tantôt Georges était laissé de côté, tantôt il semblait au comble de la faveur. Quant à moi, enveloppé dans une politesse froide et sarcastique, je lançai des mots qui semblaient piquer madame Combette.

Mais le métier de Georges ne me causait aucune envie; passer sa vie continuellement sur une bascule, emporté en haut, puis en bas, me semblait ridicule. « C'est une coquette, » me disais-je; et je la pris en profonde exécration. Je n'aime pas ces femmes qui s'amusent de l'amour, qui rient des souffrances aiguës qu'elles causent, et qui sont plus difficiles à allumer que du charbon de terre sans bois. Cependant, par moments, je me demandais si je n'étais pas la dupe d'une intrigue admirablement conduite par Georges et madame Combette. Ne s'entendaient-ils pas, et ne m'avaient-ils pas choisi pour cacher leur amour? Car je ne comprenais pas que Georges pût rester aussi longtemps à aboyer à la lune, et il n'était pas impossible qu'il existât un lien secret, sans lequel je ne pouvais admettre les assiduités de Georges dans la maison.

Madame Combette était de ces natures franches en apparence, qui trompent les gens les plus exercés. Ces sortes de femmes qui disent tout, qui avouent tout, qui ne cachent ni leurs goûts, ni leurs désirs, sont bien plus fortes qu'une autre à cacher un secret. Elles ont pour elles un masque de sincérité devant lequel tombent tous les soupçons. Sa froideur proverbiale, dont elle plaisantait si souvent, ne cachait-elle pas des passions immenses? Ma défiance prit les armes, et je trouvai que sous cette figure bien portante, sous cet embonpoint florissant, gisait une personne inconnue. Georges était aimé depuis longtemps; il inventait des fables pour mieux cacher sa discrétion, et j'étais destiné à jouer le rôle d'un paravent. A un moment donné, si le plan avait réussi, je devenais fortement amoureux, et surtout visiblement; mes soins empressés devaient me trahir; devant la société de madame Combette, j'aurais passé pour un soupirant malheureux, tandis que, protégés par mes tourments publics, Georges et madame Combette devaient jouir d'un amour sans contrainte.

En cherchant les causes de cette comédie dans laquelle je jouais le rôle ridicule, je me dis que madame Combette tenait essentiellement, aux yeux du monde, à paraître sage; elle admettait, il est vrai, les adorateurs; mais comme certaines femmes qui seraient enchantées de s'entendre dire *je vous aime*, même par un bossu.

Si je fus piqué d'abord, une fois ce raisonnement bien établi dans ma tête, je songeai à me débarrasser de cet habit ridicule dont on m'avait affublé. Je n'en voulais ni à Georges ni à madame Combette, seulement je me promis, au besoin, de m'en amuser et de leur montrer que j'avais découvert le mystère de leur liaison. Pour cela, j'allai revoir un ancien ami, nommé Timothée, que j'avais un peu négligé depuis quelque temps.

Timothée était un homme remarquable, mais doué à l'endroit des femmes d'une illusion sans bornes. Il avait inventé à leur usage des systèmes singuliers, mélangés de socialisme, et il marchait dans la vie débitant ses maximes avec une foi robuste. Je m'exprime peut-être mal en disant qu'il avait de l'illusion ; il n'en avait aucune, mais il croyait que toutes les femmes l'aimaient, qu'il n'avait qu'à se montrer et qu'elles tomberaient immédiatement à ses genoux, séduites par ses étranges prédications. Il arrivait souvent qu'on se moquât de lui, mais il avait pour lui cette suprême bêtise des gens de génie qui ne doutent jamais et qui ne craignent pas d'employer les moyens les plus niais, confiants dans leur superbe orgueil.

Mon contre-paravent était trouvé.

Il ne suffisait pas d'amener Thimothée en soirée pour qu'il tombât amoureux ou à peu près de la dame, et caché derrière lui, j'espérais étudier à fond la comédie de Georges et de madame Combette. Je présentai mon ami qui fut reçu aussi cordialement que moi la première fois ; je n'avais prévenu Timothée de rien, et il entra dans mes intentions aussi exactement qu'une paire de ciseaux dans une gaîne. En sortant de la soirée il se montra enthousiasmé de madame Combette, et en parla comme s'il lui avait suffi de se montrer pour vaincre.

Toutes les femmes de la terre avaient été créées uniquement pour aimer Timothée, il le disait non pas aussi crûment, mais dans un langage mystique qui pouvait plaire à des femmes savantes, et qui se brisait contre la première malice. Timothée ne voyait que *lui* dans l'univers, et je m'amusai extrêmement de ce grand orgueil qui ne connaissait pas d'obstacles. Timothée devait guérir à jamais de l'amour-propre trop developpé, mais il était capable de faire tomber dans le vice contraire. Installé dans la maison, Timothée commença son système de séduction. Quand madame Combette levait les yeux, elle était certaine de rencontrer les yeux de Timothée qui ne le quittait pas ; sa parole prenait un accent caressant tel que je ne la reconnaissais plus. Timothée avait deux voix, une pour la vie privée et une pour les femmes ; enfin son manége était si peu enveloppé que Georges s'en plaignit.

— Pourquoi as-tu amené Timothée, me dit-il. Tu sais combien il est fâcheux avec ses adorations perpétuelles. Il m'irrite, il m'agace à ne pas quitter Juliette des yeux. Est-ce que tu ne pourrais pas lui faire sentir que cela n'est pas convenable ? Si je lui parlais, j'aurais l'air d'un jaloux ; d'ailleurs je ne veux pas lui confier que j'aime madame Combette ; au lieu que toi qui es en dehors, tu as le droit de dire à Timothée que sa conduite contrarie Juliette.

En ce moment je fus pris de remords ; ma conduite me parut odieuse ; non-seulement j'avais cherché à tromper un ami, mais encore je lui faisais tomber sur les bras un rival ridicule. J'eus une conversation avec Timothée en le reconduisant, et je lui dis qu'on remarquait ses assiduités trop voyantes. Il nia le fait et prétendit qu'il avait regardé, il est vrai, madame Combette toute la soirée, mais comme on regarde un beau tableau, et que personne n'avait à s'en formaliser, d'autant plus que la maîtresse de la maison l'avait engagé vivement à revenir.

—Mais si quelqu'un de la réunion aimait madame Combette?

— C'est toi, me dit-il.

— Non, ce n'est pas moi.

— Alors, me dit-il, c'est Georges.

— N'importe qui, lui dis-je, tu rends jaloux quelqu'un et le fais souffrir en te posant comme un vif admirateur de madame Combette.

— Mon cher, me dit Timothée, je ne respecte jamais l'amant d'une femme; c'est à lui à démontrer sa supériorité à la femme qu'il aime et à se rendre tellement majestueux, tellement le plus fort, tellement le plus beau, qu'un autre homme à côté de lui doit paraître à l'état de mirmidon san importance. Si la femme ne regarde pas celui qu'elle aime comme le premier des hommes, c'est qu'elle a avec elle un être sans force et sans vigueur contre lequel j'ai le droit de lutter.

— Tu emploies, dis-je à Timothée, le mot aimer avec légèreté, car il renferme tout ce que tu me dis ; une femme aimant quelqu'un, ce quelqu'un est à ses yeux le prototype de toutes les perfections ; mais ce n'est pas de cela que je veux te parler ; quoiqu'un être puisse être aimé...

— Les femmes n'aiment pas, dit Timothée.

— Tu me coupes ma phrase, laisse-moi parler, il ne s'agit pas si les femmes aiment ou n'aiment pas, cette discussion nous entraînerait à raisonner deux heures. Un être étant aimé, peut néanmoins être blessé des assiduités d'un tiers.

Mais Timothée avait trouvé son cheval

de bataille; il soutenait que la femme n'aimait jamais, et qu'elle appartenait au plus fort. Il n'y eut pas moyen de le tirer de là.

Comme la faute venait de moi, je voulus la réparer, et je cherchai un moyen honnête d'écarter Timothée de la maison; mais il y était invité désormais, et je n'avais aucun droit. D'un autre côté, Georges était retombé dans ses tourments amoureux, et depuis quelque temps, ses fréquentes visites lui prouvaient que madame Combette perdait tous les jours un peu de l'affection qu'elle lui avait montrée dans le principe.

Sa douleur était si claire que je m'aperçus des fausses idées que je m'étais mises en tête.

— Je suis certain que Juliette t'aime, me disait Georges ; mes malheurs ont commencé du jour où tu as mis le pied dans la maison.

— Que tu es singulier, Georges ! tantôt tu te plains de Timothée, tantôt de moi. Qu'ai-je fait pour te rendre jaloux ? je n'ai pas dit un mot galant à madame Combette.

— Qu'importe, c'est moi le plus à plaindre, j'ai trop parlé de toi, j'ai raconté ton histoire, j'ai fait naître la curiosité, je t'ai amené, et depuis lors Juliette n'est plus la même.

— Écoute, dis-je à Georges, j'ai eu de mauvaises pensées sur toi, sur elle, j'ai cru que vous étiez complices, j'ai voulu me venger ; et bien j'essayerai de te ramener l'amour de madame Combette.

—Parles-tu sincèrement? me dit Georges.

— Je te le jure.

Timothée avait redoublé ses assiduités muettes, de telle façon que madame Combette s'en était aperçue. Un soir, étant à causer avec elle, je lui en parlai, et elle se mit à rire si franchement que je vis bien que Timothée, avec tous ses systèmes, ne parviendrait jamais à toucher le cœur de la maîtresse de la maison.

— Timothée vous adore, madame, lui dis-je.

— Ah! monsieur, me répondit-elle avec un ton qui contenait du mépris et de la colère pour l'adorateur et pour le porteur de la nouvelle.

Cet *ah! monsieur*, contenait encore du dépit, de la colère et les mille sentiments d'une femme, indignée de n'être pas comprise.

Je quittai la maison avec un certain serrement de cœur, n'osant pas, dans la crainte de ressembler à Timothée, penser que madame Combelte avait eu quelque penchant pour moi : mais je fus guéri de l'envie d'aller sur les traces d'un ami ; et quoique Georges soit resté un an après moi dans la même situation, vivant d'espérances qui ne se réalisèrent jamais, j'ai le cœur content d'avoir gardé la confiance de mon ami, au prix d'un amour qui n'était peut-être qu'une fantaisie momentanée.

— Je ne crois pas, dit Valentin, que tu aies beaucoup aimé cette femme ; il me paraît plutôt que tu jouais un rôle dans un proverbe, avec un paravent pour décor.

— N'importe, dit Sylvestre, ma conscience m'a toujours fait beaucoup souffrir en pensant que si madame Combette m'eût fait encore quelques avances, je trompais Georges et je le sacrifiais. Du même coup, j'aurais perdu une femme, et, ce qui est supérieur à l'amour, un ami véritable; car Georges est un homme sur l'affection duquel je peux toujours compter.

— Il est difficile, dit Valentin, de résister à une femme !

— Ce que tu dis là est joli, s'écria Violette, est-ce qu'il ne nous est pas plus dur de résister à un homme ?

— Tu n'as pas entendu la moitié de notre conversation, Violette. D'ailleurs, tu ne t'y connais pas. Sylvestre, tu vas déjeûner avec nous.

— Allons, à table, dit Violette.

V

Victoire Bruillon demeurait dans un petit hôtel de la rue de la Harpe, où elle occupait une chambre de dix francs par mois : c'était un véritable trou sous les toits, un premier en descendant du ciel, comme on dit; en effet, la maison était une des plus hautes de la rue et une des plus étroites. L'architecte avait imaginé de regagner en hauteur le manque de développement de la façade : en se mettant sur une chaise pour regarder par la fenêtre percée dans le toit, Victoire se trouvait presque de niveau avec le bas-relief du Panthéon. Jadis elle avait monté ses sept étages presque d'un saut et en riant pour se donner une contenance, car de chaque étage partaient des : *Ah! qu'elle est jolie! — Bonjour, voisine. — Les beaux yeux! — Quand est-ce vous verra-t-on au bal?* et autres compliments dont sont prodigues les étudiants. Bien des fois à la table d'hôte du rez-de-chaussée, après une conversation médicale fort chaude, on avait passé au chapitre de mademoiselle Bruillon qui était un sujet de curiosité pour les pensionnaires ; mais le maître d'hôtel qui présidait la table ne put donner aucun renseignement sur Victoire. Selon lui, elle était raisonnable ; elle travaillait toute la journée au dehors, ne découchait jamais et payait exactement ses dix francs le premier de chaque mois. En général les étudiants se plaisent aux amours faciles, qui ne demandent pas grands frais d'adoration et qui se dénouent avec la facilité d'un nœud coulant ; sans quoi Victoire eût été exposée à des galanteries sans nombre ; mais comme on la disait sage et réservée, les désirs que sa jolie figure ne pouvait manquer d'inspirer se tournèrent seulement en propos en l'air. Tous les étudiants de l'hôtel avaient une maîtresse attitrée; s'ils la quittaient ou s'ils en étaient quittés, ils allaient demander de promptes consolations au bal du Prado, et il ne s'en trouva pas qui conçût l'idée de faire une cour sérieuse à Victoire Bruillon. Seulement, sa vertu semblait un phénomène, et souvent on la discutait à table d'hôte.

Victoire était toujours habillée simplement et proprement; en cela, elle différait des femmes du quartier Latin, qui ne rêvent que châles dorés, robes de soie et chapeaux à plumes. Tout dans son extérieur annonçait la modestie, la réserve et le travail peu lucratif. Cependant, un soir de Longchamps, un étudiant en médecine qui s'était aventuré aux Champs-Élysées, dit à table qu'il lui était arrivé une aventure extravagante :

— Je ne sais, dit-il, si je me suis trompé, mais non... je vois clair ; eh bien, j'ai rencontré mademoiselle Victoire mise comme une princesse.

Le maître d'hôtel se mit à rire.

— La petite Victoire du septième ?

— Oui, notre Victoire elle-même, et en voiture encore.

Comme l'étudiant était méridionnal et habitué à présenter les faits sous un jour paradoxal, chacun se moqua de lui :

— Elle est sortie ce matin en bonnet, dit le maître d'hôtel.

— Eh bien ! père Lambert, est-ce qu'elle n'a pas pu s'acheter un chapeau ?

— Mais non, dit le maître d'hôtel, elle

gagne trente-cinq à quarante sous par jour.

— Tiens, voilà une bonne raison ; est-ce que vous ne voyez pas tous les jours dans le quartier des femmes qui n'ont rien et qui sont habillées mieux que madame Lambert aux jours de fêtes?

— Messieurs, dit le père Lambert, ne mettons pas ma femme en jeu, il n'y a pas de comparaison à établir ; vos gueuses ont l'air de quelque chose à l'extérieur, mais au fond elle ne sont pas riches. Ma femme, au moins, a une armoire pleine de beau linge ; vous, vous achetez volontiers un mantelet, un bonnet à fleurs, mais vous ne pensez guère ni aux jupons ni aux chemises.

— Bon, dit l'étudiant en médecine,

vous avez raison d'un côté, je le veux bien : mais qui vous dit que mademoiselle Victoire n'ait pas quelque amant?

— Parce qu'elle paie exactement, dit le maître d'hôtel. Une femme qui ne gagne pas plus qu'elle, qui paie régulièrement, est une personne rangée ; je connais sa garde-robe aussi bien que si j'étais sa femme de chambre. D'abord, mademoiselle Victoire n'a pas de commode ni d'armoire à glaces, vous comprenez, messieurs, que dans un si petit logement il n'y aurait pas moyen.

— J'ai cependant de la place chez moi, dit un étudiant en droit, et vous ne m'avez pas mis d'armoire à glaces non plus.

— Parbleu, dit un autre, il n'y a ici que de vieilles panades de meubles qu'on a été déterrer on ne sait où.

— Plaignez-vous, dit le père Lambert, quand je vous donne pour vingt-cinq francs par mois des canapés, des fauteuils.

Toute la table poussa des imprécations contre les vieux canapés jaunes du maître d'hôtel.

— Ils parlent vraiment, dit le père Lambert, comme des millionnaires qui ont toujours l'argent à la main ; mais vous ne me payez que rarement, malheureux, à la fin de l'année, et quelquefois j'attends des dix, quinze ans avant de rattraper mon argent, sans compter celui que je ne touche pas. J'ai encore des notaires qui se font tirer l'oreille pour payer ce qu'ils ont dépensé chez moi... Après ça, plaignez-vous des canapés !

Les étudiants protestèrent et demandèrent, un à un, si le maître d'hôtel n'avait pas été payé exactement par eux.

— Je ne dis pas ça pour vous, dit Lambert, mais vous me troublez la tête, je parlais de mademoiselle Victoire. Elle n'a donc ni commode ni armoire à glaces dans son domicile, seulement un petit placard. Dans ce placard il y a un peu de linge blanc, très propre, mais pas une robe de rechange. Quand sa robe s'use, elle la raccommode, et je lui connais sa robe grise et son petit châle depuis au moins deux ans. C'est vraiment une fille intéressante ; ça fait plaisir tout de même d'avoir chez soi une femme pareille qui travaille nuit et jour, car souvent elle veille. Elle est jolie, elle pourrait trouver comme tant d'autres ; elle aime mieux travailler, je dis que c'est beau.

— Très bien, dit l'étudiant, je n'en ai pas moins rencontré mademoiselle Victoire dans une voiture, en tête-à-tête avec un monsieur.

— Un homme ! s'écria Lambert indigné.

— Un jeune homme même.

— Oh ! dit le maître d'hôtel ; tenez, les étudiants en médecine sont terribles, ils ne croient à rien.

— Ma foi, dit l'un d'eux, je n'ai pas encore disséqué de femme vertueuse.

— On vous en donnera, dit Lambert, des femmes honnêtes à couper en morceaux ; je crois bien, vous n'avez que le rebut du gibier de prison, des filles perdues.

— Est-ce qu'il n'y a pas dans les hôpitaux, dit l'étudiant, de jeunes filles honnêtes qui meurent?

— Après, dit Lambert.

— Je vous dis que je n'en ai pas disséqué.

— Vous dites tantôt oui, tantôt non, dit le maître d'hôtel, qui s'emportait souvent contre les conversations un peu libres de ses pensionnaires ; si vous n'avez pas rencontré de femme honnête à Clamart, c'est que ses parents sont venus la réclamer, tandis qu'on abandonne les gourgandines de même qu'elles ont abandonné leur famille, et que personne ne s'inquiète de ce que devient leur corps après, et c'est une justice, puisqu'elles ne s'inquiétaient pas de leur corps avant.

— Très bien, très bien, père Lambert, s'écrièrent les habitués,

— Moquez-vous, dit le maître d'hôtel, je sais que j'ai raison.

— Vous avez peut-être raison par morceaux, dit l'étudiant en médecine, mais je n'en ai pas moins rencontré mademoiselle Victoire en équipage, avec un jeune homme, et dans une superbe toilette.

— La preuve! la preuve! s'écria Lambert indigné.

— La preuve, c'est que d'abord j'ai été étonné et que je me suis dit : tu te trompes; mais la ressemblance était tellement frappante que j'ai couru un peu pour rattraper la voiture qui ne marchait pas très vite ; alors j'ai longé la chaussée et j'ai fini par rencontrer le regard de mademoiselle Victoire, quoiqu'elle parût plutôt occupée à lire dans les yeux de son vis-à-vis. J'ai souri comme à une personne de connaissance... Ah! père Lambert.

— Quoi? demanda celui-ci.

— Mademoiselle Victoire m'a presque répondu par un demi-sourire; puis elle a rougi et a détourné la tête.

— Je vous connais bien, dit le maître d'hôtel, vous aurez ri au nez d'une dame comme si vous rencontriez une de vos grisettes du bal, et elle vous aura trouvé mal élevé.

— Je parie que c'était mademoiselle Victoire? dit l'étudiant.

— Je parie que non, dit le maître d'hôtel.

— Qu'est-ce que nous parions d'abord?

— Ce que vous voudrez, dit le père Lambert, je vous gagne votre argent; non, je ne parie pas, c'est un vol.

— Ah! il a peur.

— Eh bien, nous parions six bouteilles d'extra pour toute la table.

En ce moment la sonnette de la petite porte du corridor se fit entendre, et par la porte vitrée de la salle à manger qui donnait sur ce corridor on put voir entrer mademoiselle Victoire. Toute la table poussa une exclamation qui donnait raison au maître d'hôtel contre l'étudiant en médecine, car à la simplicité de la toilette de l'ouvrière que chacun put remarquer, il était impossible d'admettre qu'une heure auparavant elle eût été en équipage aux Champs-Elysées. Quoi que dit le malheureux parieur, le vin extraordinaire circula au dessert et fut marqué sur sa note, après qu'on eût été aux voix. Cependant l'étudiant en médecine, qui avait conservé une

profonde conviction, se leva le lendemain
à six heures et demie du matin, ce qui
était tout à fait contre ses habitudes, et,
caché dans un petit passage noir qui fait
face à l'hôtel du père Lambert, il attendit
l'heure à laquelle sortait ordinairement
mademoiselle Victoire. A sept heures et
demie précise elle sortit de sa chambre,
sans se douter qu'un observateur attentif
la suivait sur le trottoir opposé. L'étudiant la vit entrer, quelques secondes
avant huit heures, dans une maison du
quai Saint-Michel, où un écriteau annonçait l'atelier d'un brocheur; ayant attendu
un certain temps sur le quai, le jeune
homme revint à l'hôtel sans confier à personne l'inquisition à laquelle il se livrait;
mais le lendemain, le surlendemain, et

cela pendant huit jours, piqué d'avoir perdu son pari, il continua de suivre l'ouvrière et fut désormais convaincu qu'elle allait directement travailler.

— Père Lambert, dit-il un jour à dîner, j'ai bien perdu ; je suis obligé de déclarer que mademoiselle Victoire est une perle de vertu, je m'étais trompé en croyant l'avoir rencontrée aux Champs-Elysées.

— Peut-être ? dit une voix qui appartenait à un jeune apprenti vaudevilliste qui menait alors la vie du quartier latin.

— Monsieur Mocquart, dit le maître d'hôtel, vous parlerez à votre tour.

Alors l'étudiant en médecine dit ses courses depuis huit jours à la suite de mademoiselle Victoire, et il confessa qu'il avait été victime d'une illusion.

— Peut-être ? reprit le futur vaudevilliste Mocquart.

— Que nous veux-tu avec tes peut-être ?

— Je commence mon récit, si vous le permettez, et il sera moins ennuyeux que celui de Théramène, dit Mocquart.

— J'étais hier au théâtre du Palais-Royal, on y jouait un chef-d'œuvre : *l'Ours et les deux Chasseurs*, chef-d'œuvre qu'on siffle indignement depuis deux jours. Or je ne vais jamais voir que les pièces sifflées, parce que j'étudie la canaille qui siffle et que je cherche à me rendre compte pourquoi elle siffle. Voilà donc trois fois que je vois jouer le chef-d'œuvre, et je ne dors pas, car je ne trouve pas la raison de sa chute. Hier donc j'étais dans un coin du parterre, faisant partie moi-même des tapageurs, il n'y a rien de plus contagieux que le sifflet : j'admire cette pièce et je la hue, cela a l'air incompréhensible; mais tout en me disant il y a de l'esprit, de la gaîté, du grostesque même, je regardais en l'air, aux premières galeries, au paradis, pour voir si des personnes misanthropiques ne changeaient pas les bonnes dispositions du public... Est-ce vrai, demanda Mocquart en s'adressant aux étudiants, que les médecins envoient maintenant tous les hypocondriaques au Palais-Royal? Mais si j'étais directeur de théâtre, je ne le souffrirais pas... Un théâtre n'est pas une maison de santé.

Pour moi, dit un étudiant, j'ai fait longtemps le service d'interne à Bicêtre, et je ne vois pas trop quel bien les hypocondriaques retireraient du théâtre : au contraire, beaucoup en reviendraient plus malades, impressionnés par les gestes hallucinés et quasi-épileptiques de quelques-uns de ces farceurs. Dans mon service à Bicêtre, il y avait quelques maniaques qui, s'ils savaient jouer la comédie, feraient autant d'effet que Grassot.

— Voilà qu'il traite nos comédiens de fous, dit Mocquart ; j'ai eu tort de parler d'hypocondrie.

— Quand on ne s'y connaît pas plus que toi surtout, dit l'étudiant.

— Je me connais encore plus en hypocondrie, dit Mocquart, que toi en théâtre.

Là-dessus une discussion interminable s'engagea, dans laquelle Mocquart fut vaincu par le nombre, car les étudiants en médecine faisaient corps et soutenaient l'honneur de l'Académie, prétendant qu'un intrus ne devait se permettre d'avoir aucune opinion sur n'importe quelle maladie, avant d'avoir passé une dizaine d'années à apprendre le moyen de ne pas la guérir.

— Avez-vous assez parlé pour ne rien dire, s'écria Mocquart ; n'ayez garde, je ne parlerai pas de vos cadavres et de vos emplâtres.

Donc au Palais-Royal, en regardant aux secondes galeries, qui croyez-vous que j'aperçoive dans une petite loge ?... Allez, je ne vous ferai pas poser : mademoiselle Victoire, très bien habillée, et en compagnie d'un jeune homme.

— Oh! c'est trop fort, monsieur Mocquart, dit le père Lambert, vous voulez recommencer la scène d'il y a huit jours.

— C'est impossible, dit l'étudiant en médecine qui la suivait depuis quelque temps.

— Ah! tu prends sa défense maintenant, dit Mocquart. Tu en es donc amoureux?

L'étudiant rougit, car son esprit avait été trop tourné du côté de mademoiselle Victoire depuis une huitaine; ses poursuites le matin l'avaient amené à regarder la jolie démarche de l'ouvrière, son petit pied, sa façon simple et coquette à la fois de rejeter son bonnet en arrière. Finalement, loin de s'ennuyer à suivre l'ouvrière, l'étudiant y trouvait un charme particulier, et il l'aurait ainsi suivie toute l'année sans en demander davantage. Pour la première fois ce jeune homme qui, jusqu'alors, s'était livré aux amours faciles du quartier Latin, comprenait le charme que peut répandre sur la vie un attachement pur et délicat : aussi fût-il blessé de l'insistance du vaudevilliste à prétendre reconnaître Victoire dans la femme du théâtre du Palais-Royal. Quoi qu'il fît pour ne pas croire, une goutte de jalousie glissa dans son cœur et y produisit cette révolution que les infinitésimaux de l'homœopathie amènent, dit-on, dans le corps. Seul, le maître d'hôtel tenait bon pour l'ouvrière et disait que certainement une ressemblance extraordinaire avait pu produire deux fois cette rencontre.

— Il y a un moyen bien simple de constater ce que j'avance, dit Mocquart. A quelle heure mademoiselle Victoire est-elle rentrée?

— Je ne sais, dit le maître d'hôtel, elle garde souvent sa clé, et comme elle passe sans rien dire je n'y ai pas fait attention.

Je crois que Mocquart a raison, dit un des étudiants, je me rappelle fort bien avoir entendu mademoiselle Victoire ouvrir sa porte sur les minuit.

— Ah! ah! dit Mocquart; et le spectacle finissait à onze heures un quart; elle aura mis quarante minutes pour revenir.

— A ce compte-ci, dit le père Lambert, elle rentre quelquefois au milieu de la nuit, et si on avait l'esprit mal tourné, il serait permis de dire que mademoiselle Victoire découche; mais vous ne savez pas, messieurs, que souvent le travail est pressé à l'atelier et qu'on veille tantôt jusqu'à minuit, tantôt jusqu'à deux heures du matin.

Il arriva de cette discussion comme de la précédente : la conduite de l'ouvrière ne put être éclaircie. Le résultat fut que l'étudiant en médecine devint sérieusement épris de l'ouvrière; et comme son service l'appelait le matin à l'Hôtel-Dieu, il en profita pour s'arrêter souvent devant la porte de l'atelier du quai Saint-Michel où travaillait Victoire. Tous les matins il l'accompagnait sournoisement, et l'ouvrière ne se doutait pas qu'elle avait derrière elle un observateur si attentif de sa conduite; mais un jour que l'étudiant passait vers les deux heures de l'après-midi devant l'atelier des brocheuses, il aperçut Victoire qui sortait d'un pas léger et qui marchait si vivement qu'elle semblait un oiseau; en passant devant l'horloge de la Vallée elle jeta un rapide coup-d'œil comme si l'heure l'eût beaucoup inquiétée, et elle traversa le Pont-Neuf tellement rapidement, en se glissant entre les voitures qui barraient le passage, que l'étudiant la perdit un moment de vue. Où allait-elle ainsi? Le jeune homme n'en savait rien; mais une tristesse qui le saisit dès qu'il rencontra l'ouvrière, l'avertit vaguement qu'il allait peut-être avoir la clé d'un mystère. Victoire s'arrêta dans une maison sans apparence de la rue de l'Arbre-Sec ; et, ne sachant à qui demander des renseignements, le jeune homme attendit le cœur tourmenté de craintes sans motifs ; car il pouvait se faire que l'ouvrière fût envoyée en commission dans cette maison, peut-être pour reporter de la besogne. Cependant elle n'avait rien sous le bras, et la rapidité de sa marche indiquait qu'une affaire importante personnelle pouvait seule lui causer cette hâte.

Au bout d'une demi-heure l'étudiant tressaillit, car dans le corridor clair qui menait de la rue à la cour de cette maison qu'il inspectait, il lui semblait reconnaître Victoire qui s'avançait dans une toilette exactement semblable à celle de la femme des Champs-Élysées. Il se jeta vivement de côté pour n'être pas reconnu, et il put alors s'assurer qu'il ne s'était pas trompé la première fois. Victoire, la petite ouvrière tranquille de l'hôtel de la rue Saint-Jacques, habillée avec une certaine recherche, donnait le bras à un jeune homme et qui n'avait rien de la désinvolture d'un étudiant. Pâle et brisée, l'étudiant suivit l'heureux couple jusqu'à la première station de fiacres, et là, ayant vu monter Victoire et son amant en fiacre, l'étudiant revint le cœur brisé, emportant dans son cœur un doute perpétuel sur les femmes.

Le cavalier de mademoiselle Victoire n'était autre que M. Colisée, toujours soigneusement peigné comme d'habitude, et qui semblait mettre toute son ambition à suivre les modes du plus près qu'il le pouvait. M. Colisée était employé des Postes, et son travail se faisant une partie de la nuit, lui permettait de jouir d'une bonne demi-journée. On trouva rarement d'employé plus assidu à son travail, plus rangé dans ses habitudes, il arrivait toujours à l'heure exacte, changeait immédiatement d'habit et se mettait à son bureau, remarquable par le soin avec lequel il était tenu, le luisant parfait du bois et l'absence de ces petits chiffons de papier jetés en boule qui caractérisent l'employé désordonné. Pour juger M. Colisée, il n'y avait besoin que de jeter un coup d'œil dans son pupitre et dans les tiroirs de son bureau : chaque objet était placé avec symétrie ; plumes, papiers, grattoirs, canifs, cire à cacheter, comme dans un médailler. L'ordre, la propreté exagérée se remarquaient à la place de M. Colisée ; malheureusement le peu d'intelligence qu'il reçut en naissant se tourna du côté des choses méticuleuses de la vie, et ces qualités, médiocres quand elles ne sont pas doublées d'autres facultés plus précieuses, ne le firent arriver qu'avec peine à une place de deux mille francs où il devait rester toute sa vie. Aussi M. Colisée était-il obligé, à cause de son amour de la toilette, de veiller strictement à ses moindres dépenses : pour être à peu près à la mode il s'imposa des sacrifices énormes dont un seul fait pourra faire juger des autres. Il fumait le cigare par genre, de même qu'il se servait d'un lorgnon avec une vue excellente; mais il trouvait le moyen de faire durer un cigare une huitaine de jours. Il ne montrait son cigare que dans les endroits publics, devant Tortoni, aux Tuileries et aux Champs-Élysées; et il restait quelquefois deux séances sans l'allumer; cependant, contraint par ses relations d'allumer son cigare, car il avait peur que sa ruse ne fût remarquée, il en tirait une dizaine de bouffées et le remettait aussitôt dans son porte-cigares hermétiquement fermé qui l'étouffait.

Pour les gants, les cravates de fantaisie, il avait des recettes de ménagère qu'il employait le matin et qui lui épargnaient le dégraisseur et la blanchisseuse de fin. Grâce à un petit tailleur qu'il découvrit et qui entra dans ses projets, M. Colisée put

faire changer de forme ses habits chaque
année, à moins toutefois que les élégants
ne remplaçassent tout d'un coup l'étriqué
par l'ampleur; mais quand la mode passait
des habits larges aux habits étroits, le petit tailleur apparaissait et donnait une
nouvelle physionomie aux vêtements de
l'année précédente. Malgré ce qu'avait d'in-
génieux ce procédé, il n'en résultait pas
moins quelque chose de mesquin dans la
personne de M. Colisée; sous une apparence élégante, un véritable élégant eût
deviné des coups de brosse infinis, des
retapages impossibles, des collets de velours neufs sur des habits médiocres;
mais M. Colisée ne connaissait pas la
honte, et il marchait si fièrement sur les
trottoirs qu'il pouvait faire croire à des

provinciaux qu'il était un des rois de la mode.

C'est à ce faux luxe que se laissa prendre Victoire ; non pas qu'elle cherchât un homme riche, mais parce qu'elle trouva M. Colisée *distingué* Ce fut sa perte. M. Colisée comprit de quelle utilité il résulterait pour lui d'une ouvrière jeune et jolie, qui gagnait sa vie à elle seule. Après une cour assidue qui dura six mois, Victoire s'abandonna, et son illusion était si grande qu'elle ne fut pas rompue quand elle découvrit la véritable situation de son amant. Elle lui rendit pour commencer mille petits services dont un garçon a tant besoin à Paris quand il est seul. Elle visitait avec soin le linge de M. Colysée, remettait des boutons qui manquaient et veillait aux plus petits

accrocs qui s'agrandissent aussi vite que
s'étend une tache d'huile. Aimant pour la
première fois, elle donna toute son âme
au commis de la Poste et se laissa dominer
tellement qu'elle écoutait les médiocrités
qui sortait de la bouche de M. Colisée avec
autant d'attention que s'il avait dit les mots
les plus spirituels et les plus profonds.
Comme Victoire était orpheline, elle s'attacha à cet homme en qui elle croyait retrouver à la fois l'affection de la famille et
les affections du cœur. Jamais elle ne fit
une objection, et elle ne comprenait pas
qu'on pût en faire devant l'homme aimé.
M. Colisée lui eût dit : « Travaille nuit et
jour, » qu'elle eût travaillé nuit et jour,
heureuse d'obéir à un désir, à un ordre.

Sa seule ambition était de quitter le

moins possible son amant, de respirer l'air qu'il respirait, de le regarder et de prévenir sa moindre volonté. Mais M. Colisée lui fit entendre au début de leur liaison qu'il ne pouvait garder une femme avec lui, que souvent des employés supérieurs venaient le visiter, et que l'administration des Postes voulait des jeunes gens rangés. Victoire crut à ce que son amant lui disait et se contenta de venir trois fois par semaine lui faire une petite visite; mais elle avait un rêve qui la tourmentait, c'était de sortir avec *lui*, de se montrer en public à *son* bras, et de recueillir l'enthousiasme que la beauté de M. de Colisée lui inspirait et qu'elle supposait partagée par toutes les femmes. Quand après avoir hésité longtemps à témoigner ce désir à son amant, elle aborda le sujet en tremblant, comme si elle eût eu à faire l'aveu d'une faute. M. Colisée ne répondit rien d'abord et la regarda des pieds à la tête d'un air si significatif qu'elle comprit qu'elle faisait tache au bras du jeune homme. La propreté de ses habits empêchait qu'on ne remarquât son excès de simplicité ; et, dès ce moment, elle eut honte de ses modestes vêtements qui établissaient une séparation forcée entre elle et son amant. Dès-lors, quoique sa nourriture fût très simple, elle trouva moyen de la réduire encore, et à force d'économie et de travail elle put s'acheter une robe de soie, un mantelet et un chapeau. Jamais elle ne monta avec plus de joie l'escalier de la maison où demeurait son amant que le jour où, sortant de chez la couturière, elle apparut ainsi vêtue à M. Colisée.

— Me trouves-tu assez belle pour sortir avec moi? dit-elle.

L'employé la regarda :

— Mais vous n'avez pas de gants, dit-il.

— Ah! c'est vrai, il faut des gants, dit-elle un peu honteuse, car elle avait dépensé absolument tout ce qui lui restait et elle ne touchait sa semaine que le lendemain samedi; cependant il lui restait encore un franc dans sa bourse. — Si j'achetais des gants de soie gris.

— C'est impossible, dit M. Colisée, une femme comme il faut ne porte pas des gants de soie, mais des gants de peau.

— Et combien coûtent les gants de peau?

— Trois francs, dit M. Colisée.

L'ouvrière avait assez de fierté pour ne rien emprunter à son amant, car elle craignait qu'il ne prît son emprunt pour un don un peu forcé.

— La prochaine fois, lui dit-elle, j'aurai des gants de peau.

Cependant elle soupirait, car le temps était beau, un petit soleil de printemps se montrait timidement, et Victoire, qui restait toute la journée dans un atelier triste, rêvait depuis longtemps une promenade, quelque courte qu'elle fût.

Il fallut attendre à huit jours de là; mais enfin son rêve se réalira. Victoire, en donnant le bras à M. Colisée, dans la rue, éprouva une de ces extases que peuvent seuls donner des bonheurs inespérés. Elle regardait avec avidité les personnes qui s'avançaient vers elle sur le trottoir, afin de s'assurer si son amant était remarqué ; en ce moment elle le voyait plus beau que jamais, bon et surtout généreux de descendre jusqu'à lui accorder son bras en public. M. Colysée sentait la dévotion qu'il inspirait, et il restait froid comme un Jupiter Olympien devant l'adoration de Victoire.

— Voulez-vous que nous montions en voiture? dit-il à l'ouvrière.

— Pourquoi? demanda-t-elle, il fait si bon à marcher.

— Mais ne voyez-vous pas qu'il fait de la crotte, et que nous allons arrriver aux Champs-Élysées abominablement sales.

— Comme tu voudras.

Victoire n'était jamais allée en voiture;
elle s'amusa d'abord du roulement des
roues et de la vitesse avec laquelle le co-
cher les entraînait. Arrivé au bout de la
rue de Rivoli, M. Colisée tira un de ces ci-
gares éternels de la boîte et ne l'alluma
qu'au moment où la voiture, marchant au
pas, s'arrêtait devant un groupe de femmes élégantes qui se promenaient sur le
trottoir. Cette promenade dura une heure
et demie, pendant laquelle Victoire ressentit un des plus vifs bonheurs de sa vie. En
descendant de voiture, M. Colisée dit à
l'ouvrière :

— Donnez-moi vingt-sept sous, je vous
prie.

Victoire rougit, car l'achat de ses gants
avait dévoré son budget.

— Je ne les ai pas sur moi, dit-elle, honteuse pour la première fois de sa pauvreté.

— Vous me devez vingt-sept sous, pensez-y, dit M. Colisée, d'un ton qui ne laissait pas de réplique.

L'employé faisait payer à sa maîtresse la moitié des frais de la voiture dont il se servait exclusivement pour lui; car Victoire eût préféré marcher à pied et se délasser des fatigues de la vie assise; mais elle trouva le fait naturel, trop heureuse de partager les dépenses d'une course qui lui permettait de rester en tête-à-tête avec celui qu'elle aimait. Elle s'habitua d'ailleurs à vivre sur ce pied, et les rares fois où elle alla au spectacle en compagnie de son amant, elle s'arrangeait à vivre plus

chichement pendant une semaine, afin de
payer sa place. Afin qu'on ne s'aperçut de
rien à l'hôtel, elle laissa sa toilette chez
M. Colysée, et s'habillait seulement quand
il lui permettait de sortir avec lui : elle
pensait ainsi lui donner une preuve de
plus de sa fidélité en lui laissant des habits sans lesquels elle ne pouvait, décem-
ment, se montrer dans un lieu de plaisirs.
Une pensionnaire qui sort du couvent et
qui se fait une fête d'aller au bal, n'était
pas plus heureuse que Victoire quand,
huit jours à l'avance, elle rêvait une promenade avec l'employé. Seule, Violette
Taffin était sa confidente, et elle avait fait
à son amie un portrait tellement flatté de
l'employé, que Violette, aussi niaise que
son amie, par certains côtés, s'attendait à

voir l'Amour en personne. Victoire n'avait pas dit à son amie les dépenses auxquelles l'entraînait sa passion; mais Violette l'avait pour ainsi dire deviné :

— Tu travailles trop, Victoire, lui dit-elle un jour, tu n'es pas forte, cela te jouera un mauvais tour.

— Bah! dit Victoire, dont les yeux se cerclaient de teintes jaunissantes, tu ne sais ce que tu dis, je n'ai jamais été si heureuse. Tiens, comment trouves-tu cette lime à ongles? Cinq sous, ce n'est pas cher; je viens de l'acheter à la boutique à cinq sous pour mon petit homme...

Victoire ne pensait qu'à M. Colisée, ne rêvait qu'à lui; en revenant le soir de son magasin, elle regardait attentivement la montre des boutiques, et chaque objet lui semblait bon à offrir à M. Colisée. Sans arrière-pensée, et sans même chercher à prouver à son amant combien son souvenir l'enveloppait, il était rare qu'elle entrât chez lui sans un souvenir, un objet de médiocre importance, un petit bouquet, une brosse à cheveux, des boutons de verroterie pour ses poignets de chemise, et mille choses qui en somme étaient prélevées sur sa journée. M. Colisée recevait ces cadeaux en pacha dédaigneux, mais il en usait immédiatement, et Victoire se trouvait très heureuse que l'employé voulût bien accepter ces petites bagatelles. Un jour, entre autres, elle lui offrit un peigne à moustaches en écaille, qui contenait en même temps un miroir : pendant la promenade, M. Colisée ne dit pas un mot à sa maîtresse, mais il peigna constamment ses moustaches, et il ne cessait cette occupation que pour se regarder dans le petit miroir. Victoire n'en demandait pas davantage : elle était peinée seulement de ne pouvoir offrir à l'homme qu'elle aimait des souvenirs à la hauteur de son amour, et la plupart du temps elle laissait en s'en allant des petits objets sur la cheminée, sans rien dire, craignant que l'employé ne les refusât.

La pauvre fille en arrivait à se nourrir moins qu'une souris : son principal repas se composait d'un petit pain et de deux sous de pommes de terre frites. Encore trouvait-elle qu'elle dépensait trop pour sa bouche, car depuis qu'elle connaissait M. Colisée, elle avait une peine infinie à arriver juste au bout de la semaine. Les deux ou trois demi-journées qu'elle consacrait par semaine à son amant, étaient nécessairement retenues sur son salaire ; les dépenses qu'elle faisait pour sa toilette, pour ses gants, les cadeaux, mangeaient la moitié de sa journée. Sa moyenne étant de trente-cinq sous par jour, dont il fallait encore déduire les dimanches et fêtes, il lui restait tout au plus douze à treize sous pour se nourrir, se loger et se blanchir et répondre à mille petites dépenses imprévues qu'entraîne toujours la toilette la plus modeste. Quelquefois elle se privait de déjeûner, quelquefois de dîner, quand elle avait aperçu aux montres d'une boutique un objet tentant qu'elle voulait acheter pour M. Colisée. Elle s'était même tellement habituée à donner, qu'elle n'osait plus entrer chez l'employé les mains vides ; et tout d'un coup l'ouvrage ayant manqué, elle préféra rester dans le petit hôtel de la rue Saint-Jacques, se disant malade, plutôt que de confier sa pénurie à son amant.

Ces privations altérèrent sa santé, et Victoire, qui, dans le principe, était rose et fraîche, perdit ses couleurs de jeunesse; ses traits se tirèrent, sa figure s'allongea, ses yeux se creusèrent. Cependant elle était toujours belle, car l'amour pur brillait dans ses yeux. M. Colisée, malgré sa superbe indifférence, s'aperçut du changement qui s'opérait dans la personne de sa maîtresse ; mais loin d'en être chagriné, il ne vit dans cette déperdition de santé qu'un prétexte à peintures. Il avait chez lui toute une pharmacie d'onguents, de petits pots de rouge, de blanc, de noir, et il indiqua à Victoire l'adresse d'une maison de parfumerie où elle eût à se fournir de ces divers ingrédients.

— Les femmes distinguées, lui dit-il, ne sortent pas sans tous ces comestiques.

Victoire, heureuse de plaire à son amant, greva de plus en plus son budget, et pour la première fois de sa vie ne paya pas la location de sa mansarde à la fin du mois; mais elle apporta en triomphe les onguents et les eaux de toilette dont l'employé lui avait donné le catalogue.

— Comme il m'aime! pensait-elle pendant que M. Colisée lui lissait les cheveux, les sourcils, lui mettait du rouge et du blanc.

Cependant, l'opération terminée, en se regardant dans une glace, Victoire eut peur. Elle pensa à l'aspect cadavérique des figures de cire; mais un mot de l'employé lui fit oublier cette sensation.

— Vous êtes beaucoup mieux, lui dit-il.

Quinze jours après, Victoire, épuisée de fatigues et de privations, entrait à l'hôpital pour n'en plus sortir.

VI

Il se passait en Bretagne, un an avant cette époque, un fait musical qui devait agir puissamment sur la conversation de l'île Saint-Louis. Quatre riches propriétaires, enthousiastes de musique, avaient épuisé en quelques années tout le répertoire classique de quatuor; après les avoir dits et redits cent fois et avoir dévoré la somme de jouissances qu'ils contenaient, les quatre Bretons se trouvèrent embarrassés. Jouer des quatuor modernes, il n'y fallait pas songer : ce genre de musique étant abandonné, parce que les éditeurs ne se soucient pas de publier des œuvres médiocres dont la vente ne se ferait jamais. La province est la partie de la France où se jouent le plus souvent des quatuor; mais on les joue autant par habitude que par la difficulté de rassembler un orchestre complet. L'art n'a rien à voir là-dedans; si Mozard, Haydn, Beethowen font les frais de ces quatuor, ce n'est pas par admiration que leurs noms paraissent si souvent, car Pleyel, Fiorillo et d'autres maîtres anodins y obtiennent autant de succès. C'est ce qui explique pourquoi, à de rares exceptions, un compositeur distingué essaye de publier un quatuor : malgré les beautés qui pourraient s'y trouver, il courrait risque de rester au fond du magasin et de servir un jour d'enveloppe et de maculatures aux polkas, redowas, mazurkas qui s'enlèvent par ballots, et dont le débit est immense.

Mais les quatre Bretons n'appartenaient pas à cette race d'amateurs qui s'endorment en jouant et qui s'occupent d'Haydn ou de Mozart par tradition : ils avaient une vive foi en la musique, à ce point que chacun d'eux était obligé de faire trois ou quatre lieues par des chemins bretons, c'est tout dire, pour se réunir au lieu de leurs séances. Quand ils eurent appris l'œuvre connue de Beethowen, l'amour de la découverte les conduisit à essayer les quatuor de Beethoven, ceux qui sont désignés sous le nom de *derniers* et qui jouissaient alors de la plus mauvaise réputation musicale. Suivant les hommes les plus versés en musique, les critiques, les historiens de l'art, ces quatuor représentaient la folie, l'extravagance, l'hallucination, la démence, la misanthropie, l'hypocondrie, le désordre dans les idées le plus complet. Beethowen les avait composés quelque temps avant sa mort, atteint d'une surdité complète et fou de douleur. Il se vengeait de la méthode en la brisant comme un enfant brise une glace, et en laissant sur le pavé quelques fragments brillants qui témoignaient, par leurs amas, de la grandeur et de la beauté de cette glace. Déjà des musiciens parisiens avaient essayé de pénétrer dans ces quatuor ; mais de même qu'on ne saurait se frayer un chemin dans une forêt vierge sans hache et sans incendie, ces musiciens avaient reculé. Les derniers quatuor étaient trop le reflet de l'âme hallucinée du grand Allemand : ils tenaient du délire, et quatre musiciens atteints des mêmes souffrances que Beethowen auraient pu les jouer, disait-on.

Les quatre Bretons étaient parfaitement sains d'esprit et de corps, mais ils avaient la patience et la volonté, communes à leur race. Ils essayèrent de déchiffrer le premier de ces derniers quatuor, sans y rien comprendre : en effet, l'incohérence, la bizarrerie maladive, le décousu y dominaient; les musiciens mettaient une attention profonde à cette lecture, ils se retirèrent fatigués, brisés tellement que la musique la plus difficile leur eût semblé un enfantillage auprès de ces terribles quatuor. A peine avaient-ils découvert une petite mélodie dans ce désert sauvage musical. Ils ne perdirent pas courage et essayèrent, à une nouvelle séance, le quatuor suivant : les mêmes peines, les mêmes fatigues se renouvelèrent ; mais ils se consolèrent en jouant un des chefs-d'œuvre populaires du grand compositeur. Cependant, à la troisième séance, une faible lueur vint éclairer l'un d'entre eux, le plus intelligent. Il se leva en sautant de joie.

— Je commence à comprendre, s'écria-t-il.

Il mettait dans sa parole l'enthousiasme de naufragés dans une île qui se font remarquer d'un navire par des signaux. Les trois musiciens plus humbles, qui n'avaient pas saisi le sens de ces quatuor, n'allèrent pas contre cette joie, et s'appliquèrent de plus en plus à leurs parties, pour arriver à se mettre au niveau de leur ami. Enfin, quand les quatuor eurent tous été déchiffrés, les quatre Bretons s'embrassèrent. Ils avaient découvert un trésor de jouissances qui ne devait pas s'épuiser de sitôt, car par la nature de cette musique, il était certain que de très longtemps, malgré leurs capacités d'instrumentistes, les quatre amis ne devaient songer à entrer en pleine et entière jouissance musicale, qu'après des travaux aussi rudes et aussi pénibles que ceux de la recherche de l'or.

Mais aussi quelles jouissances les attendaient, quand ils commencèrent à balbutier cette langue jusques-là inintelligible pour tous! A chaque pas qu'ils faisaient dans l'œuvre, c'étaient de nouvelles découvertes, qui commençaient par un feu de bois vert, par une fumée épaisse, qui lançaient de petites langues de feu par intervalle, qui s'enflammaient et qui lançaient des flammes brillantes. Comprendre une telle musique après des recherches si assidues, c'est presque l'avoir composée. Un portrait de Beethowen ornait seul la pièce simple où se tenaient les instrumentistes, qui n'avait pour décoration qu'une grande bibliothèque contenant de grands volumes à dos de parchemin vert, où reposaient les quatuor de tous les maîtres connus. Le portrait de Beethowen n'était pas une une de ces petites gravures au burin, propres et soignées, dans lesquelles l'artiste a donné au compositeur un air inspiré, tel que nous avons la manie d'en vouloir affubler les grands hommes : c'était une simple lithographie allemande, modeste et maladroite, représentant la tête de Beethowen de grandeur naturelle. La figure sombre et souriante, les cheveux mal peignés plutôt que disposés en *désordre artistique*, on pouvait dire de ce portrait : « Il est ressemblant ; » car la simplicité et le manque d'adresse dans l'art est en général un signe de **vérité** et de **réalité**.

Tout en étudiant ces quatuor, les Bretons pouvaient, de temps en temps, jeter un rapide coup d'œil sur le portrait qui les confirmait dans l'opiniâtreté de leurs recherches. Sans doute une amère hypocondrie s'était développée pendant les dernières années de la vie de Beethowen ; mais quel est le grand génie, sans être atteint des maux physiques du compositeur, qui n'a pas été pris de soudaines et immenses mélancolies, que quelquefois il a conservées jusqu'à son dernier soupir ? La mélancolie n'est-elle pas le manteau du génie, dont l'œil perçant démêle trop vivement les secrets motifs qui font mouvoir les hommes ? Qu'importe cette mélancolie, si l'homme de génie conserve l'amour de l'humanité ? Les médecins aussi connaissent les maladies de la femme, cela les empêche-t-il d'aimer les femmes? C'est en regardant souvent ce portrait que le Breton, qui avait été illuminé le premier par la lueur secrète qui brillait au fond de cette musique, se sentit plus assuré que jamais et se jura à lui-même de continuer ses recherches : car il était impossible qu'avec cette physionomie, dessinée justement la dernière année de la vie de Beethowen, le grand compositeur, malgré ses tourments intérieurs, ses secousses morales et nerveuses, eût senti s'envoler son génie musical pour le voir remplacer par l'esprit inquiet de l'hallucination.

Pendant un an, les Bretons ne jouèrent que les derniers quatuor ; et à chaque séance ils entraient plus avant dans la pensée du maître, ils voyaient l'idée plus claire, plus saisissante. Les effets nouveaux, imprévus et sauvages, que Beethowen a jetés comme des barrières au-devant de ses quatuor pour en interdire l'entrée aux profanes, apparaissaient aux quatre amis comme des difficultés, des épreuves à traverser avant d'arriver à la terre promise. Cependant ils abandonnèrent à regret ses quatuor, car deux d'entre eux se séparaient et allaient en voyage. Tous les ans, généralement, ils allaient à Paris pendant la saison des concerts, afin de se mettre au courant des nouveautés musicales, et trois mois après ils se retrouvèrent à Paris chez de jeunes instrumentistes qui faisaient alors de la musique de chambre entre eux. Dès le premier jour, la conversation roula sur les étranges quatuor. La jeunesse est enthousiaste et aime à s'élancer dans l'inconnu ; ces paroles ne tombèrent pas dans un puits, et les jeunes artistes, séduits par l'assurance des Bretons, commencèrent à étudier cette musique, qui, même à Paris, passait pour indéchiffrable. Ils y mirent une application tout à fait bretonne ; dès le matin six heures, ils étudiaient ensemble ces énigmes musicales et recommençaient deux à trois heures le soir les mêmes travaux. Ces études assidues leur donnèrent enfin le mot du sphynx ; et ils étaient devenus si enthousiastes, qu'ils ne juraient plus que par Beethowen, et ses derniers quatuor seuls leur donnaient la mesure de la grandeur du maître. Ils étaient tombés dans une exagération contraire, c'est-à-dire ils soutenaient qu'avant ses dernières œuvres, Beethowen avait erré, se servant de la manière de Mozart au début, entrant ensuite dans la période de ses symphonies où il se montrait grand et superbe, mais que seuls les derniers quatuor étaient le couronnement de son œuvre. A les entendre, Beethowen était l'unique musicien des temps passés et futurs ; ils admettaient Mozart au second rang ; quant à Haydn, ils s'en moquaient, l'appelaient volontiers perruque, et si quelquefois leur métier les appelaient à jouer Haydn, ils le jouaient par-dessous la jambe. Quelques personnes d'élite furent admises dans l'intimité de ces trop grands enthousiastes, à entendre ce qu'ils appelaient des révélations musicales; mais chacun sortait surpris de l'extase dans laquelle étaient plongés les musiciens; et comme leurs opinions choquantes paraissaient révolutionnaires, leurs confrères les désignèrent sous le nom de *quatuor rouge*, ce qui était alors une grande insulte.

Pendant deux ans, les concerts de ces novateurs furent assez peu suivis par le public ordinaire des concerts; on n'y voyait que des artistes de toutes sortes, des écrivains, des peintres, des chanteuses, enfin ce monde parisien qui goûte d'abord au plat comme les cuisiniers et qui écrême le lait avant de le faire goûter au public. Il y avait également à ces réunions le troupeau d'imbéciles obligés, de ceux qui ne comprennent rien et qui feignent de grands transports d'admiration pour des œuvres qui dépassent leur intelligence, mais qui se fourrent partout où vont les délicats et les esprits en avant, ayant encore assez de ruse pour dire avant tout le monde : « J'ai entendu telle musique, » ou : « J'ai lu tel livre, » ou : « J'ai vu tel tableau. »

Le quatuor rouge, à la troisième année de son existence, devint à la mode, et Sylvestre avait été un de ses fidèles admirateurs, suivant avec intérêts les répétitions et les concerts ; mais il était dans la nature de Sylvestre de se dégoûter facilement des œuvres qui ne lui paraissaient pas saines ou dont il découvrait le procédé. Certainement, pour lui Beethowen était un artiste sincère, ne se servant pas de certains *effets* calculés; mais il voyait dans les œuvres de l'Allemand, et surtout dans les dernières, des symptômes morbides qui devaient engendrer dans l'avenir une funeste école d'artistes malades. C'est ce qui occasionna de vives discussions entre James et lui. James était un esprit un peu superficiel, ne creusant rien, se traînant à la suite du cri public et ne soupçonnant guère ce qui se passait au fond du cerveau réfléchi de Sylvestre. James, à chaque nouvelle réunion de l'île Saint-Louis, insistait pour jouer ces quatuor de Beethowen.

— Eh! mon Dieu! quelle rage avez-vous pour Beethowen? Nous le jouons fort mal; il me semble qu'il serait plus convenable de revoir un peu Haydn.

— Haydn, bah! dit James.

— Comment, vous aussi, vous méprisez Haydn? songez, mon cher James, qu'il est aussi grand que Beethowen.

— Oh! s'écria James.

— Il n'y a pas de oh! Sans doute vous trouverez dans quelques-unes de ses œuvres certaines faiblesses, certaines vieilleries, je vous l'accorde; mais le charme ne s'en attache pas moins à ces tournures du temps... Beethowen est plus dramatique, plus passionné, il est possible, mais Haydn est plus bonhomme. Et croyez-le, la simplicité dans les arts passe moins vite que la grandeur, quand elle est trop tourmentée. L'école de Beethowen, qui a produit Weber et Meyerbeer, sera oubliée, qu'on chantera encore quelque refrain de Grétry. Ne riez pas ; Haydn a pour lui cette

abondance, ce calme, cette simplicité qui
sont le signe des grands génies ; tout coule
de source chez lui ; on ne sent rien de pénible ni de travaillé ; il fait passer dans
l'âme de ceux qui l'écoutent la tranquillité
et le bonheur qu'il avait dans le cœur.
Croyez-vous que ce ne sont pas là d'immenses avantages ? moi je ne saurais trop
les admirer. Au contraire, pour peu que
vous ayez l'esprit un tant soit peu maladif
ou chagrin, vous reviendrez au sortir de
l'audition des derniers quatuor de Beethowen impressionné plus névralgique-
ment qu'avant ; vos inquiétudes seront
accrues ; la musique ne remplira pas son
rôle d'ange mystérieux qui vous enlève sur
ses ailes et vous transporte dans des mon-
des inconnus de félicité ; mais vous aurez

voyagé sur le dos du dieu des enfers, qui vous fera voir de grands pays désolés, chargés de brouillards épais, et vous vous ressentirez toute la journée de ces sensations. Vous parlez de grandeur, Haydn ne trouve-t-il pas la grandeur ? On dirait vraiment, James, que vous ne connaissez ni ses symphonies, ni ses oratio, ni ses adagio si pleins de belles phrases larges et puissantes.

— Cela indique, dit Valentin, que les esprits mélancoliques n'ont pas besoin de redoubler leur mélancolie en écoutant Beethowen, et que le meilleur remède à leur indiquer est de jouer Haydn; tandis que les gens sains de corps et d'esprit peuvent goûter sans inquiétude les inspirations de Beethowen.

— Précisément, dit Sylvestre, tu as parfaitement résumé la question ; et il se pourrait que la différence d'opinion entre James et moi vînt de la différence de nos tempéraments réciproques ; ainsi dans la façon de comprendre les arts la physiologie expliquerait beaucoup. J'ai peut-être été un peu loin dans mon appréciation de Beethowen, mais j'avoue qu'il me rend rarement heureux ; or comme nous faisons de la musique pour notre plaisir et pour nous défatiguer, je lui préfère Haydn et Mozart, et avant tout Haydn. Un bon quatuor d'Haydn ! mais c'est le bonheur domestique, la franchise, une douce gaîté, de petites farces en famille. Et puis, quoi que vous en disiez, l'art qui fera oublier aux hommes l'amertume de la vie sera toujours le premier des arts. Nous vivons perpétuellement dans les soucis, dans les maladies, dans la crainte de l'avenir, et nous allons retomber dans des imaginations fiévreuses, bizarres, de parti pris, qui loin de nous faire oublier la tourmente du présent, nous créent de nouvelles angoisses. Tenez, dernièrement j'étais préoccupé et je ne pouvais chasser de mon esprit certaines tristesses que la lutte de la société nous donne ; j'aurais voulu ne pas être seul, car plus je m'entretenais avec moi-même et plus je creusais mon chagrin. J'entre dans un théâtre du boulevart où on jouait le *Dîner de Madelon.* Les acteurs étaient très médiocres, et cependant ils me causèrent un des plus grands plaisirs de

ma vie. Tous mes soucis s'envolèrent dès
le premier couplet :

> Eh ! bonjour, l'ami Vincent,
> La santé comment va-t-elle ?

Jamais aucune poésie ni aucune mélodie
ne me semblèrent aussi fraîches que ce
pont-neuf. Rien de plus simple que l'intrigue de cette pièce ; mais il y a au fond
un sentiment d'amitié de célibataire pour
sa gouvernante ; les *surprises* que la jolie
bonne prépare pour son maître sont tellement dans la nature des relations qui
existent entre un vieux garçon et sa gouvernante, qu'en y réfléchissant il n'y a pas
lieu de s'étonner que la pièce de Désau-
giers compte au moins trente années au

théâtre, quand les grandes et superbes machines de nos dramaturges semblaient ridicules six mois après la naissance. Je ne me fais pas vieux et je ne dis pas que tout était pour le mieux dans le passé; mais la bonhomie de quelques auteurs de la restauration valait bien nos pompeuses théories. D'ailleurs, à quoi attribuer leur durée ?

Comment expliquer le succès de Béranger, sinon qu'il y a dans certaines de ses chonsans, celle par exemple :

« Vous vieillirez, ô ma belle maîtresse ! »

un sentiment profond d'amitié qui les a conservées. Quand on est très jeune, on se moque de ses œuvres parce qu'on ne les comprend pas, on se laisse prendre aux rhéteurs qui vous apprennent à n'admirer que la forme, et un jour on s'aperçoit qu'il n'y a ni conviction ni sincérité sous ces beaux vêtements galonnés d'or et d'argent, semés de pierreries à profusion, et on en revient aux admirations de la foule qui ne se trompe guère. Ainsi Meyerbeer a fait pâlir un moment Rossini. Eh bien ! James, quand vous serez ennuyé du tapage de l'orchestre, quand la musique dramatique vous aura brisé, allez entendre le *Barbier de Séville*, même chanté par les plus médiocres chanteurs de Paris, et vous en reviendrez gai et souriant, heureux d'avoir vu se développer devant vous les feuillets roses du livre d'amour et de la jeunesse.

—J'avoue que Sylvestre a un peu raison,

dit Valentin, et si James le veut, nous allons jouer un quatuor de Haydn.

— Je ne demande pas mieux.

Comme ils étaient en train de déchiffrer Haydn, M. Colisée entra, aussi bien peigné que par le passé. Quoiqu'il eût souffert de l'impertinence faite par Valentin au coiffeur, il n'avait osé s'en fâcher ouvertement, et de temps en temps il assistait au quatuor. La conversation s'engagea entre Violette et M. Colisée, et de petits rires de Violette amenèrent des *chut* de Valentin, qui s'indignait d'entendre chuchotter pendant le quatuor. Justement ce jour-là Valentin n'était pas disposé à une attention profonde ; il oublia de compter ses pauses, et embrouilla ses camarades à tel point qu'il fallut recommencer plusieurs fois. La figure de Sylvestre se contractait, ses lèvres se pinçaient, car pour ceux qui sentent vivement, une mauvaise exécution musicale cause des souffrances intérieures dont on ne pourrait donner l'idée avec des comparaisons de souffrances physiques ou morales. Aussi Sylvestre ne pouvait-il entendre sans crises violentes ces chanteuses dont la voix sort avec peine, qui grimacent leurs figures pour donner une note élevée, qu'on tremble de voir manquer une roulade et qui font passer chez leurs auditeurs une moitié de leur travail.

— Tu ne fais réellement pas attention, Valentin, s'écria Sylvestre, et James ne me paraît pas comprendre une note de cette musique. Comment, vous ne sentez pas que le second violon doit jouer son thème assez fort, lequel thème est recouvert des capricieuses fantaisies du premier violon. Il n'y a que Catelina qui ait bien dit sa partie : le reste est affreux. Pour jouer ainsi Haydn, il vaut mieux se taire. Valentin a la rage d'accompagner fort quand il entend jouer fort à côté de lui. Mais, mon cher, tu n'as pas à t'inquiéter de ce que font tes camarades, regarde attentivement ta partie et sois modeste.

— Cette musique n'est pas bien, dit M. Colisée.

— Vous trouvez? dit Sylvestre d'un ton furieux, en haussant les-épaules.

— Elle me plaît moins que celle de la dernière fois, continua M. Colisée en se regardant dans la glace.

— Il me prend des envies de lui jeter

mon instrument à la tête, dit Sylvestre à James. Nous allons recommencer, s'il vous plaît, dit-il.

Et les quatre amis, dominés par la colère inquiète qui paraissait dans les moindres mouvements de Sylvestre, se remirent à leurs pupitres.

La première reprise de l'adagio était à peine terminée que Sylvestre frappa d'un coup violent son archet contre le pupitre.

— C'est assez, dit-il en devenant tellement pâle que ses camarades s'arrêtèrent brusquement. On ne peut pas faire de musique de la sorte, dit-il

Valentin, qui avait compris que la conversation de Violette et de M. Colisée mettait en fureur son ami, lança un coup d'œil de reproche à Violette.

— Qu'est-ce qu'il te prend aujourd'hui, dit-il de bavarder de la sorte? Tu sais pourtant que je n'aime pas à entendre causer. Passe dans l'autre chambre, si tu as envie de rire; mais je t'avertis que cela ne me convient pas.

La jeune fille rougit considérablement.

— Allons, continuons, dit Valentin.

— Attends un moment, dit Sylvestre, je tremble un peu, j'ai mal aux nerfs, cette colère m'a émotionné trop vivement.

M. Colisée qui pressentait qu'il était cause en partie de l'orage, profita de ce moment de suspension pour prendre congé de Valentin; mais aussitôt sa sortie, Sylvestre éclata.

— Pourquoi nous amènes-tu des gens pareils? dit-il à Valentin; non-seulement ils sont désagréables, mais ils causent encore.

— Oh! dit Valentin, il a reçu une fameuse leçon, et il est présumable qu'il ne reviendra pas. Si par hasard il revenait, il n'ouvrirait pas la bouche.

— Quand même, dit Sylvestre; mais leur présence m'agace, leur aspect m'irrite. Pour faire de la musique il faut un milieu sympathique, autrement on se sent influencé soi-même par la nullité des gens qui vous entourent. Quand j'entends ces êtres-là dire : *C'est charmant*, à tort et à travers, je souffre parce que je vois qu'il ne comprennent pas. Ce sont des quadrilles et des polkas qu'il serait bon de leur jouer; alors ils seraient aux anges ; mais comme nous ne nous réunissons pas pour faire de la musique de danse, nous ne pouvons que leur être désagréables. Le quatuor est une chose tellement intime qu'il ne devrait être permis à personne d'y assister : ce sont quatre gourmands ayant les mêmes goûts, les mêmes sensations, qui se réunissent et et qui se donnent des indigestions de musique. Y a-t-il donc un grand plaisir à regarder trois heures quatre gastronomes qui goûtent aux mets les plus fins et qui ne vous en offrent pas ? D'ailleurs nous ne sommes pas assez forts pour inviter les gens à venir nous entendre.

— On ne les invite pas, dit Valentin.

— Qu'importe, il viennent ici pour s'amuser et ils ne s'amusent pas. Moi je sens qu'ils s'ennuient, je n'ai pas besoin de les regarder, et leur ennui plane dans la salle et passe dans mon esprit.

— Tant pis pour eux s'ils s'ennuient, dit James.

— Vous ne comprenez pas, James : eux ne m'intéressent pas, et je me soucierais fort peu de leur ennui si je n'en étais pas affecté moi-même par contre-coup. Si nous avons à étudier un morceau très difficile, je n'ose pas devant quelqu'un, car je sais par expérience combien l'analyse d'une œuvre est pénible à entendre. Nous sommes donc obligés, quand il nous arrive une visite, de faire une politesse, de jouer ce que nous savons le mieux; alors nous ne sommes plus libres, nous ne nous appartenons plus, nous faisons de la musique pour le public, et ce n'est pas là notre but.

VII

Huit jours après, James entra chez Valentin, chargé d'une énorme liasse de papiers.

— Ah! te voilà, dit Valentin, nous ne comptions plus sur toi. Sylvestre s'est décidé à chercher un autre violon.

— Et j'ai trouvé, dit Sylvestre, un jeune homme qui paraît très doux et qui a l'air de bien comprendre la musique.

— Vous êtes aimable, dit James, je vous apporte des trésors et vous songez à me remplacer.

— James, vous n'aimez pas la musique, reprit Valentin ; nous sommes trois dévoués, il n'y a que vous qui vous fassiez constamment prier ; tantôt vous allez dîner en ville, tantôt au spectacle, et vous ne faites pas attention que vous manquez à trois de vos amis à la fois.

— La musique ne semble pas vous intéresser, reprit Sylvestre ; vous jouez votre partie d'un air distrait, quelquefois en bâillant. Est-ce parce que vous êtes humilié d'être second violon ? Alors permettez-moi de vous dire, James, que vous n'avez pas l'intelligence du quatuor. Il n'y a pas de position inférieure dans le quatuor : chaque instrument concourt tellement à l'ensemble, qu'en enlevant le plus modeste, un vide affreux se ferait sentir. Sans doute le rôle du second violon est modeste, il est plus souvent l'écho que la voix; mais n'a-t-il pas l'honneur de répondre au premier violon, de même que l'alto répond au violoncelle? Ne s'associe-t-il pas aux entreprises de son chef qui lui laisse de temps en temps une part de soleil? Un second violon peut toujours montrer du talent dans ses réponses; les occasions ne lui manquent pas de déployer du feu, de la verve; et alors en supposant qu'il ne se trouve pas d'auditeurs pour le complimenter sur la belle exécution d'un trait, ses camarades ne l'ignorent pas, et il trouve dans sa conscience satisfaite une récompense due à ses efforts.

— Mais c'est un cours que vous me faites là, Sylvestre, s'écria James.

— Croyez-vous qu'on en dise autant au Conservatoire ?

— Vous me supposez donc plein d'un détestable orgueil ?

— J'ai seulement voulu, dit Sylvestre, vous montrer quelle estime j'ai pour les humbles positions.

— Quant à mon ennui de la musique, dit James, jugez-en.

Alors il déficela sa liasse de papiers, et aussitôt des cris de joie se firent entendre à l'aspect de belles gravures sur cuivre qui ornaient la première page d'anciens quatuor que James apportait.

— Voilà du Fiorillo, disait James.

Chacun sautait avec avidité sur les cahiers.

— Des Romberg.

— Oh! c'est curieux.

— Des Lickl.

— Je ne connais pas celui-ci, disait Valentin.

— Des Spohr.

— Musique difficile, s'écria Sylvestre.

— Dites encore que je n'aime pas la musique.

— En voilà au moins pour huit séances à lire, dit Catelina.

— Est-ce que vous avez payé cette musique cher?

— C'est toute une histoire, dit James.

— Nous n'avons pas le temps de causer, dit Valentin ; mettons-nous vite en train.

Les richesses étaient si grandes que les amis se trouvaient embarrassés ; les uns voulaient commencer par Romberg, les autres par Spohr ; chacun feuilletait la musique, s'intéressant d'avance à sa partie et cherchant à découvrir dans le dessin des notes la beauté des morceaux inconnus. Il fut enfin convenu qu'on jouerait un fragment de chacun des différents maîtres, ainsi que les gourmets qui veulent goûter à tous les plats. Une vive curiosité s'était emparée des quatre musiciens, et ils jouèrent leur quatuor ce soir-là avec une ardeur nouvelle ; la musique qu'avait apportée James n'était pas de premier ordre et ne pouvait se comparer aux œuvres des trois grands maîtres allemands. Mais elle n'en était que plus curieuse par la comparaison. Après avoir étudié ces quatuor de maîtres inférieurs, on comprenait mieux le génie domestique d'Haydn, les sensations amoureuses de Mozart et les puissantes inquiétudes de Beethowen. Les quatre amis se donnèrent presque une indigestion de musique, dans leur avidité de connaître du nouveau, et ils ne songèrent à se reposer qu'après avoir déchiffré trois quatuor.

— Combien croyez-vous que cette collection m'ait coûté? demanda James. Cinq francs. Vingt quatuor pour cinq francs.

— Tu te moques de nous, dit Sylvestre; je connais tous les marchands de musique de Paris, et jamais je n'ai trouvé de pareil marché.

— Moi, je passe mon temps, dit Valentin, à courir les culs-de-sac, les impasses, les marchands d'habits, les épiciers, et je suis complétement de l'avis de Sylvestre.

— Ah! vous ne me croyez pas, dit James, eh bien! je vous y mènerai.

— Où se trouve votre marchand? demanda Catelina.

— Vous connaissez bien la halle aux blés; du côté de la rue qui mène à la Poste se trouve une marchande de beurre, c'est là qu'est le trésor. Cette femme-là, si elle le voulait, pourrait s'établir éditeur de musique; on est capable de la nommer un jour conservateur à la bibliothèque du Conservatoire, car elle a un musée d'ancienne musique. Elle en a des piles énormes, jusqu'au plafond dans une arrière-boutique ; il y a des ruelles entre les ballots de musique.

— Vraiment ! s'écrièrent les amis.

— Et en ordre ? demanda Sylvestre.

— S'il n'était pas si tard, dit Valentin, j'y courrais. Je n'en dormirai pas, j'ai envie d'aller réveiller ta marchande de beurre.

— J'ai eu une espèce de vision, dit James, quand je suis entré dans son arrière-boutique, car je ne m'y attendais pas ; je passais par là et j'aperçois cette marchande qui pesait du beurre et qui l'enveloppait dans une feuille de musique. Je regarde plus attentivement et je vois près d'elle, sur la banquette du comptoir, une assez forte pile de musique. J'entre et je lui demande si, par hasard, elle vendrait de vieille musique. Trois sous la livre, me répond-elle : voyez dans l'arrière-boutique. J'étais aussi saisi qu'Ali-Baba quand il entra dans la caverne des quarante voleurs ; toutes ces partitions bien rangées me faisaient plus d'effet que des bijoux et des pierres précieuses. Et avec cela l'ordre le plus parfait. De tout temps il y a eu des épiciers qui vendaient de la musique au poids, mais de la musique dépareillée, et la plupart du temps sans valeur. Là, au contraire, un ordre sévère et une propreté de bibliophile régnaient dans cette arrière-boutique. J'ai acheté sans choisir, mais il m'a semblé voir des partitions de Gluck.

— De Gluck ! s'écria Valentin, je vais me ruiner.

— Non, dit James, il y a tant à choisir qu'on ne sait plus quoi acheter finalement. J'ai pris au hasard, et je continuerai de même.

— Où cette fruitière achète-t-elle tant de musique? demanda Catelina.

— Dans les ventes, à ce qu'elle m'a dit. Ainsi, tout ce que j'ai apporté provient d'un nommé Koreff, car son nom est écrit sur la première page.

— Koreff! s'écria Sylvestre d'un ton surpris, le fameux Koreff!

— Vous le connaissez, demanda James.

— Oui, c'était un médecin allemand, il est mort dernièrement.

— Un médecin! dit James; je comprends maintenant la singulière lettre que j'ai trouvée dans un des trio que j'ai achetés;

je me suis beaucoup amusé en la lisant, et à elle seule elle vaut l'argent que j'ai donné à la marchande de beurre.

— Pourquoi ne l'avez-vous pas apportée? dit Sylvestre.

— Oh! je l'ai sur moi, dans mon portefeuille; mais dites-moi ce qu'était ce Koreff.

— Un médecin très spirituel, dit Sylvestre, que tout Paris a connu, et qui était bien le plus singulier personnage du monde parisien. Il arriva d'Allemagne en apportant l'acupuncture et mit à la mode ce traitement dont on ne se sert plus aujourd'hui.

— Je n'ai jamais entendu parler de cette drogue, dit Valentin.

— L'acupuncture n'est pas une drogue, dit Sylvestre.

— Dame! elle a un nom de drogue; qu'est-ce, alors?

— Koreff avait rapporté des aiguilles d'une forme particulière qu'il disait tirer de la Chine, et qu'il enfonçait dans le corps de ses malades à la moindre indisposition; le femmes nerveuses se laissèrent prendre à ce merveilleux remède qui devait leur enlever immédiatement migraines et maux de nerfs. On vit alors de jeunes dames se promener sur les boulevarts la tête couverte de jolies épingles d'or enfoncées dans la peau, et l'acupuncture devint à la mode. Koreff prétendait qu'au moment de l'introduction de l'aiguille dans le corps, une sorte d'étincelle électrique sillonnait les tissus voisins, et que l'aiguille était elle-même agitée de frémissements fébrilaires. L'acupuncture ressemblait à toutes les nouvelles médecines; elle guérissait généralement d'une grande quantité de maladies. Les goutteux se livrèrent à l'acupuncture-Koreff, et certains hommes affectés de rhumatismes ressemblaient, après sa visite, à une pelotte d'aiguilles. Ce n'était pas Koreff qui avait inventé le moyen de guérison, mais il était oublié depuis longtemps, et vers 1826 on parla de cette étrange nouveauté, comme du magnétisme à l'époque de Mesmer. Koreff avait beaucoup d'avantages pour réussir à Paris : il était spirituel, Allemand et porteur d'une figure singulière. Sa qualité d'ami d'Hoffmann lui servit encore plus, car il réalisait en sa personne ces types grotesques que le conteur berlinois a caressés avec tant d'amour. Bizarre par extérieur, bizarre par sa médecine, Koreff devint immédiatement à la mode. Étant Allemand, il est au moins présumable que la musique achetée par James chez la marchande de beurre provient de sa vente : du reste, la lettre doit donner quelques détails.

— Voici la lettre, dit James ; elle est adressée au docteur Koreff, rue Neuve-Saint-Augustin, à Paris. Valentin, laisse un peu tranquille le piano.

« Monsieur, j'ai appris, par quelques-uns de mes camarades de l'orchestre, que vous les aviez traités avec beaucoup de soin. Je suis pris d'une singulière maladie nerveuse qui m'est venue du jour où une souris s'est introduite dans ma flûte. »

— Une souris dans une flûte? s'écria Valentin, c'est une plaisanterie.

— La lettre est très sérieuse, vous allez voir, dit James en continuant :

« L'orchestre venait de terminer l'ouverture du ballet des *Pirates*, lorsque j'entends un singulier grattement dans ma flûte. Je crus d'abord qu'une mouche avait pu passer par un des trous, et je soufflai dans l'embouchure; le bruit se calma, je pus continuer à accompagner le ballet. Vers le milieu de l'introduction du second acte, un grand remue-ménage se produisit dans l'intérieur de la flûte; il me semblait qu'un être vivant s'y roulait comme un écureuil dans sa cage. Je fus pris d'une certaine pâleur, à tel point que Chrétien Urhan, l'alto solo, mon voisin, me demanda si j'allais me trouver mal. Je ne sais pas, lui dis-je, mais quelqu'un aura touché à ma flûte pendant l'entr'acte. Nous avons des camarades qui passent leur temps à voler l'argent de l'administration, car non-seulement ils ne font pas deux notes dans leurs soirées, mais ils empêchent leurs voisins de jouer tranquillement leurs parties.

» Les galopins du Conservatoire qui mettent du savon aux archets de leur camarade de pupitre, sont encore les moins dangereux. Urhan répondit qu'il était resté à sa place comme de coutume et qu'il n'avait remarqué personne toucher à l'instrument. J'étais dans un grand embarras, ma qualité de flûtiste solo m'empêchait de démonter ma flûte et d'examiner ce qu'il pouvait y avoir de mystérieux dans le bois. Je ne tenais la flûte qu'avec répugnance, car elle s'agitait imperceptiblement entre mes doigts, et la répugnance m'empêchait de coller mes lèvres à l'embouchure. Cependant je repris le dessus et je souris du tour qu'on avait pu me jouer : sans doute on avait introduit un tonton particulier qui occasionnait ce bruissement et ce mouvement. Et je secouai ma flûte, regardant avec attention si rien n'en sortait. Puis je pensai qu'une fissure avait pu se déclarer dans le bois, que l'humidité y était entrée et produisait ce bruit singulier. La souris resta tranquille, car je n'ai su que beaucoup plus tard que c'était une souris. La représentation se continua et je repris mon calme

habituel; mais ce n'était que le prélude
du mauvais tour que me préparait la souris. A partir de ce jour elle devint d'une
exigence insupportable, elle m'enleva
toute espèce de repos. Quand je commençais à m'animer, ses processions recommençaient dans la flûte qui me tombait
d'effroi des mains. Et j'étais pris d'une
sorte de frénésie, passant mon temps à dé-
faire les pièces de la flûte, soufflant de
toutes mes forces par chacun des trous,
levant les clés pour m'assurer que la souris
n'était pas cachée dessous : cela gênait
beaucoup mon service à l'Opéra et mon
exécution s'en ressentait. Quelquefois la
colère s'emparait de moi et je frappais de
mon instrument contre le pupitre, puis je
m'arrêtais un moment après, anéanti, le

front couvert d'une sueur froide, les cheveux droits sur la tête. Je confiai mes tortures à Chrétien Urhan, mon meilleur ami depuis vingt ans.

» — Ce n'est pas possible, me dit-il.

» Et comme j'insistai :

» — Nous irons ce soir chez toi à la sortie du spectacle et nous visiterons l'instrument : mais la maudite bête devait être de bien petite race, car ensemble nous ne l'avons jamais pu voir; quant à moi, j'étais certain d'avoir vu de temps en temps passer sa queue par un des trous, une petite queue frétillante qui avait l'air de se moquer de moi. Il n'y avait pas à en douter ; aussi bien quelquefois dans la boîte trouvé-je de petits points noirs qui ne pouvaient être que les déjections de la bête. Urhan me disait :

» —Comment peux-tu croire qu'une souris est dans ta flûte : de quoi vivrait-elle?

» C'était bien simple ; elle se nourrissait de musique, elle en vivait. Peut-être même sa petite queue dont j'apercevais l'extrémité par un des trous, témoignait-elle des jouissances qui animaient le corps de la souris ; je suis presque fondé à baser cette opinion sur ce qu'un chant de flûte terminé, la queue disparaissait et la souris restait tranquille, peut-être accablée de la somme de sensations qu'elle avait ressenties et qui lui suffisaient pour ce jour-là. Cependant Urhan secouait la tête et me regardait d'un air peiné. Allons, pensais-je, voilà mon meilleur ami qui va me croire fou, car les hommes, aussitôt qu'un fait dépasse leur imagination ou n'est pas assez palpable au toucher, assez visible pour leurs faibles yeux, vous déclarent aliéné, sans prendre garde à l'isolement qu'un pareil titre vous crée aussitôt dans le monde parisien. Le doute venait m'assaillir en même temps. Peut-être suis-je fou, pensais-je ; ton meilleur ami te regarde d'un œil inquiet, soupire, gémit quand il croit que tu ne t'en aperçois pas ; tu es fou, il faut que cela soit. Et je cherchai à me démontrer à moi-même que je n'étais pas fou. J'ai eu de tout temps horreur des mathématiques ; j'achetai un livre de géométrie et je me dis : Si tu parviens à comprendre ce livre de géométrie, si tu résous un problème, bien certainement la souris est dans ta flûte. Car mon cerveau pouvant encore s'appliquer à des matières ardues, témoigne assez qu'il est sain et complet; si le cerveau est sain, il ne peut pas me faire admettre des visions telles que celle de la souris. »

— Il ne raisonne pas mal pour une flûte d'Opéra, dit Sylvestre en interrompant James; mais, de même que l'homme a deux poumons, il a deux cerveaux. On voit des gens vivre avec un seul poumon, tandis que l'autre est détérioré ; de même une partie du cerveau peut être saine et suivre un raisonnement, et l'autre errer dans le pays des diables bleus. Voilà pourquoi les fous sont souvent très sages sur beaucoup de questions, et puis quand ils arrivent aux souris qui se promènent dans les flûtes, il n'y a plus d'hommes.

— Je continue, dit James, et je vous prie, toutes sensées qu'elles soient, de ne faire vos réflexions qu'après. Vous jugez tout de suite ce pauvre homme sans l'avoir entendu. Laissez-le expliquer son affaire :

« Ayant donc, après beaucoup de fatigues, étudié la moitié des éléments de géométrie, je devins plus tranquille, mais j'avais toujours un morceau de craie dans ma poche ; et quand, à l'Opéra, la souris me tracassait, je combattais le trouble dans lequel elle me jetait par une petite figure de géométrie que je dessinais sur le bois du pupitre, et la solution d'un problème me garantissait la sanité de mon esprit. Urhan continuait à me prendre en pitié, il n'en disait rien, mais je le sentais. Un soir, il m'emmena et me dit :

» — J'ai découvert d'où vient ta souris.

» — Ah ! ah ! dis-je d'un ton de satisfaction.

» — C'est un artifice diabolique que le démon emploie pour te tourmenter.

» A mon tour je regardai Urhan avec compassion. Vous en aurez sans doute entendu parler, monsieur. Urhan, dont le prénom est Chrétien, ne pouvait être mieux nommé; il a toujours été d'une dévotion que l'Opéra n'a fait que développer. Regardé à raison comme le premier alto de l'Europe, Urhan a été tellement sollicité par Habeneck que, bien contre son gré, il est entré à l'Opéra. Il lui fallait vivre d'abord, sa vraie place était dans une église, mais on ne se sert pas d'altos. Il apprit même la viole et la remit à la mode dans un concert historique ; son but était de jouer de la viole à la Madeleine, mais on ne le comprit pas ; la nécessité lui fit contracter un engagement avec l'Opéra, et ce qu'il souffre de jouer la musique profane serait trop long à vous dire. Pensez, monsieur, à l'effet que peut produire, sur un catholique fervent, un corps de danseuses qui s'avancent vers la rampe, à deux pas de nous, et qui lèvent leurs jambes horizontalement dans la direction de l'orchestre. Si vous alliez à l'Opéra uniquement pour regarder Urhan, vous le verriez tressaillir aussitôt que commence la musique du ballet ; il détourne un peu son tabouret, pas autant qu'il le voudrait cependant, car il ne peut quitter de l'œil M. Habeneck, et il gémit des atteintes que donnent à la chair ces danses voluptueuses. Il plaint les spectateurs, il plaint le directeur, il plaint les ministres du gouvernement, car il se dit que tout ce monde est damné. Enfin il joue de l'alto à l'Opéra avec la répugnance que pouvait avoir jadis un jeune garçon à succéder au bourreau son père. J'aide de mon talent, me disait-il, à l'accomplissement de ces péchés. Je suis un des musiciens de la suite du démon quand je devrais être de ceux qui faisaient danser devant l'arche sainte. Aussi, monsieur, Urhan sera toute sa vie dans l'enfer, s'il reste à l'Opéra. C'est surtout quand la fièvre de bals masqués s'empara de nouveau de Paris que mon pauvre ami Chrétien souffrit de nouvelles tortures : obligé par son engagement de faire partie de l'orchestre des bals, il ne vivait plus, et il y serait mort de chagrin si, pendant l'intervalle des danses, il n'eût rasséréné son âme par la lecture d'une Bible de petit format qu'il avait toujours en poche et qu'il posait sur son pupitre. Il trouva un matin un correctif : c'était de composer des quadrilles religieux. Mais, à cette époque, on inventait des moyens si bizarres de musique de danse, tels que coups de pistolets, et emploi des moyens les plus sauvages, que les orgues proposés par Urhan, et qui devaient, selon lui, faire luire quelques rayons de charité chrétienne dans l'âme des danseurs, furent rejetés avec dérision par le chef d'orchestre. Il y avait cependant une idée : des choristes habillés de blanc auraient chanté des mélodies pieuses accompagnées par l'orgue. Urhan insistait beaucoup pour qu'on essayât seulement une fois. Il pensait qu'une réaction solitaire s'opérerait dans l'esprit de ces fous qui entrent au bal gorgés de viandes et de liqueurs, et que les âmes qui conservaient encore une étincelle du feu divin sentiraient les funestes effets de la corruption et se sauveraient du bal, laissant livrés au délire des sens ceux complétement abrutis. Voilà mon ami Urhan, et vous comprenez, monsieur, par quelle série d'idées il niait la présence de la souris dans ma flûte, attribuant mon trouble aux tentations du démon. Tu es puni, me disait-il, d'avoir coopéré à ces maudits spectacles ; tu es justement frappé, le diable s'est emparé de toi comme il s'emparera un à un de tous nos camarades. Songe à te repentir. Je lui répondis que je faisais mon métier honnêtement, que sans doute jusque-là je n'avais partagé son aversion pour les danses, mais que je ne prenais pas de plaisir à regarder les danseuses ; que l'abus et la fréquence de ces représentations me chassaient toute curiosité, et que j'avais toujours rêvé un intérieur tranquille avec une femme et des enfants ; que si j'étais resté jusqu'alors célibataire, le manque de relations seul m'avait empêché de trouver une personne honnête qui voulût bien s'associer à ma destinée. Songes-tu à accomplir tes devoirs religieux ? me dit-il. Il est vrai que depuis mon enfance j'étais resté sans entrer à l'église, excepté les jours de grand'messes en musique. Alors Urhan me dit que le meilleur moyen de chasser la souris était d'aller aux offices, de me confesser et de revenir aux sentiments que j'avais puisés dans le baptême. Il se faisait mon directeur de conscience, me prêchait et me tenait quelquefois quatre heures par jour dans de pieuses conversations. La géométrie lui parut un moyen inefficace, et j'abandonnai mes problèmes. Malgré tout, monsieur, la souris ne quitta pas ma flûte. Je perdis l'espérance ; Urhan me fit jeûner et passer des nuits en prières. A partir de ce moment, je fus pris d'une maladie nerveuse qui me passa dans les doigts et qui m'empêcha de jouer de la flûte. M. Habeneck a bien voulu me faire accorder un congé de trois mois, je ne sens pas de mieux depuis quinze jours que je me repose, et je viens vous prier de me donner une consultation, confiant dans la renommée de célèbre praticien qui vous est acquise. »

James s'arrêta.

— Est-ce tout? demanda Sylvestre.

— Oui.

— J'aurais voulu connaître la suite, dit Valentin.

— Cependant il y a en marge, dit James, quelques mots d'une autre écriture et d'une autre encre que le corps de la lettre; il est présumable que ces mots sont de la main du docteur Koreff. Voyez : « Le malade devra jouer pendant un mois sur une flûte en racine de guimauve. »

— Une flûte en guimauve! s'écria Sylvestre, il n'est pas possible que Koreff se soit permis une semblable facétie.

— Ah! dit Valentin, nous avons perdu notre soirée à entendre des extravagances : l'acupuncture, les souris dans les flûtes, les quadrilles religieux, les instruments en racine de guimauve. J'aurais préféré jouer un quatuor de plus.

FIN.

TABLE DES CHAPITRES.

—

		Pages
Chapitre	I. Suites de la maladie	1
—	II. La belle madame Jousselin	21

Les Quator de l'île Saint-Louis.

Chapitre	I.	53
—	II.	95
—	III.	129
—	IV.	165
—	V.	217
—	VI	267
—	VII	301

FIN DE LA TABLE.

Fontainebleau Imp. de E. JACQUIN.

Camille, par Roger de Beauvoir.	2 vol.
Madame de Monflanquin, par Paul de Kock. . .	5 vol.
La Bouquetière du Château-d'Eau, par le même.	6 vol.
Un monsieur très tourmenté, par le même. .	2 vol.
Les Étuvistes, par le même.	8 vol.
L'Eau et le Feu, par G. de la Landelle.	2 vol.
Faustine et Sydonie, par madame Ch. Reybaud.	3 vol.
Jean qui pleure et Jean qui rit, par Ad. Robert	2 vol.
Un amour de vieillard, par le marq. de Foudras.	3 vol.
Les Veillées de Saint-Hubert, par le même. .	2 vol.
Deux trahisons, par Auguste Maquet.	2 vol.
La famille Aubry, par Paul Meurice	3 vol.
Les trois Reines, par X. B. Saintine.	2 vol.
Un Mari confident, par madame Sophie Gay. . .	2 vol.
Une vieille Maîtresse, par J. Barbey d'Aurevilly.	3 vol.
Le capitaine Simon, par Paul Féval.	2 vol.
Georges III, par Léon Gozlan	3 vol.
Le prince de Galles, par le même	5 vol.
Pérégrine, par le même.	4 vol.
La Senora, par Paul Duplessis.	4 vol.
Le Neuf de pique, par la comtesse Dash. . . .	6 vol.
Mystères de la famille, par Élie Berthet. . . .	3 vol.
Le château de Noirac, par G. de la Landelle. . .	2 vol.
Riche d'amour, par Maximilien Perrin.	2 vol.
Le mauvais Monde, par Adrien Robert.	2 vol.
La mère Rainette, par Charles Deslys.	6 vol.

Fontainebleau, — Imp. de E. Jacquin.

www.ingramcontent.com/pod-product-compliance
Lightning Source LLC
Chambersburg PA
CBHW050803170426
43202CB00013B/2548